STRUM & SING

ZAC BROWN BAND

FROM
THE FOUNDATION

FROM
YOU GET WHAT YOU GIVE

This book is approved by Zac Brown Band

Southern Ground Artists

Cherry Lane Music Company
Director of Publications/Project Editor: Mark Phillips

ISBN 978-1-60378-315-6

Toes

Words and Music by
Zac Brown, Wyatt Durrette, John Driskell Hopkins and Shawn Mullins

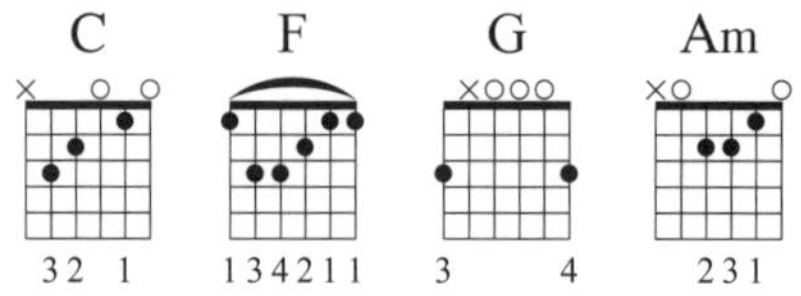

Intro C | F | C | G | C | F | C G | C

Chorus 1

||C | F
I got my toes in the water, ass in the sand.
|C Am |G
Not a wor - ry in the world, a cold beer in my hand.
|F |G |C
Life is good today. Life is good today.

Verse 1

||C |F
Well, the plane touched down just about three o'clock
|C |G
And the cit - y's still on my mind.
|C |F
Bi - kinis and palm trees danced in my head;
|C G |C
I was still in the bag - gage line.
|C |F
Con - crete and cars are there own prison bars
|C |G
Like this life I'm living in.
|C
But the plane brought me farther;
|F |C G |C
I'm sur - rounded by water, and I'm not goin' back again.

Chorus 2

```
          ||C                       |F
I got my toes in the water, ass  in the sand.
            |C                  Am      |G
Not a wor - ry in the world,   a cold beer in my hand.
              |F                 |G                   |C            |
Life is good   today.            Life is good today.
```

Bridge 1

```
C Tacet                 |F                 |
  Adios and vaya con Dios.
F                         |C                 |
  Yeah, I'm leaving GA.
                      |G                 |
And if it weren't  for tequila and pretty señoritas,
   |G                        |C                |
I'd,  I'd have no reason to stay.
C Tacet                 |F                 |
  Adios and vaya con Dios,
F                         |C                 |
  Yeah, I'm leaving GA.
       |G                         |                         |
Gonna lay in the hot sun and roll a big fat one and,
G Tacet                      |C             |F             |
  And grab my guitar and play.
C         |G         |C         |F         |C   G    |C
```

Verse 2

```
                 ||C                         |F
Well, four days  flew by like a drunk  Friday night
                |C                         |G
As the sum - mer drew to an end.
  |C                           |F
They  can't believe that I just  couldn't leave,
           |C     G                   |C
And I bid  adieu  to my friends.
           |C                  |F
'Cause my  bartender, she's  from the islands;
  |C                                  |G
Her body's been kissed by the sun.
  |C                            |F
And coconut replaces the smell  of the bar,
              |C               G           |C
And I don't  know if its her   or the rum.
```

Repeat Chorus 2

Bridge 2

```
C Tacet                ||F                 |
  Adios and vaya con Dios.
F                        |C                |
  A long way from GA.
              |G                    |                  |
Yes, and all  the muchachas, they call me "Big Poppa"
G                           |C               |
  When I throw pesos their way.
C Tacet                  |F                |
  Adios and vaya con Dios.
F                         |C                |
  A long way from GA.
          |G                    |                     |
Someone do me a favor and pour me some Jaeger and
G Tacet                      |C              |F              |
  I'll grab my guitar and play.
C         |G         |C         |F         |C    G    |C          ||
```

Bridge 3

C Tacet || **F** |
Adios and vaya con Dios,

F | **C** |
Going home now to stay.

| **G** | |
The seño - ritas don't *quiero* when there's no *dinero*, yeah,

G | **C** |
And I got no money to stay.

C Tacet | **F** |
Adios and vaya con Dios,

F | **C** | ||
Going home now to stay.

Chorus 3

G |
Just gonna drive up by the lake,

| **C** | **F**
And put my ass in a lawn chair, toes in the clay.

| **C** **Am** | **G**
Not a wor - ry in the world, a PB - R on the way.

| **F** | **G** | **C** | **F G C** ||
Life is good today. Life is good today.

Whatever It Is

Words and Music by
Zac Brown and Wyatt Durrette

(Tune down one half step; low to high: E♭-A♭-D♭-G♭-B♭-E♭)

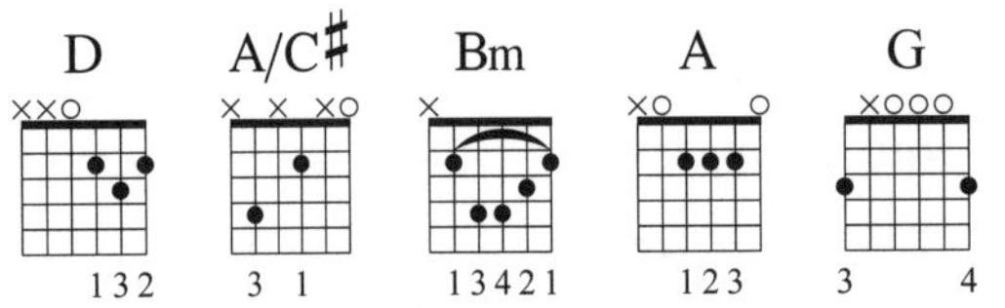

Intro

D A/C♯ |Bm A |G A |D G A

Verse 1

||D A/C♯
She got eyes that cut you like a knife
|Bm A
And lips that taste like sweet red wine,
|G A |D G A
And her pretty legs go to heaven every time.
|D A/C♯
She got a gentle way that puts me at ease;
|Bm A
When she walks in a room I can hardly breathe.
|G A |D G
Got a devastating smile knock a grown man to his knees.

Chorus 1

```
           A          ||G    A                ||D   A/C#  Bm   A
She's got whatever it is.   It blows me a - way.
                  |G                        A
She's every - thing I want to say to a woman
                              |G            A
But I couldn't find the words to say.
                     |G    A                 |D A/C#  Bm   A
She's got whatever it is.   I don't know what to do.
               |G                          A
'Cause every time I try to tell her how I feel,
                    |Tacet
It comes out "I  love you."
                       |D    A/C#    |Bm       A  |G     A    |D    G  A
You got whatever it is.
```

Verse 2

```
                   ||D                              A/C#
You know I've never been the type that would ever want to stay;
              |Bm                          A
Bring 'em home at night and they're gone  the next day.
    |G                      A                   |D   G  A
But that all changed when she walked into my life.
               |D                     A/C#
And people asking why it is, tell 'em I don't know,
               |Bm                                A                 |G
There's just something about the woman makes my heart go haywire.
A                          |D     G
She's gonna be my wife.
```

Repeat Chorus 1

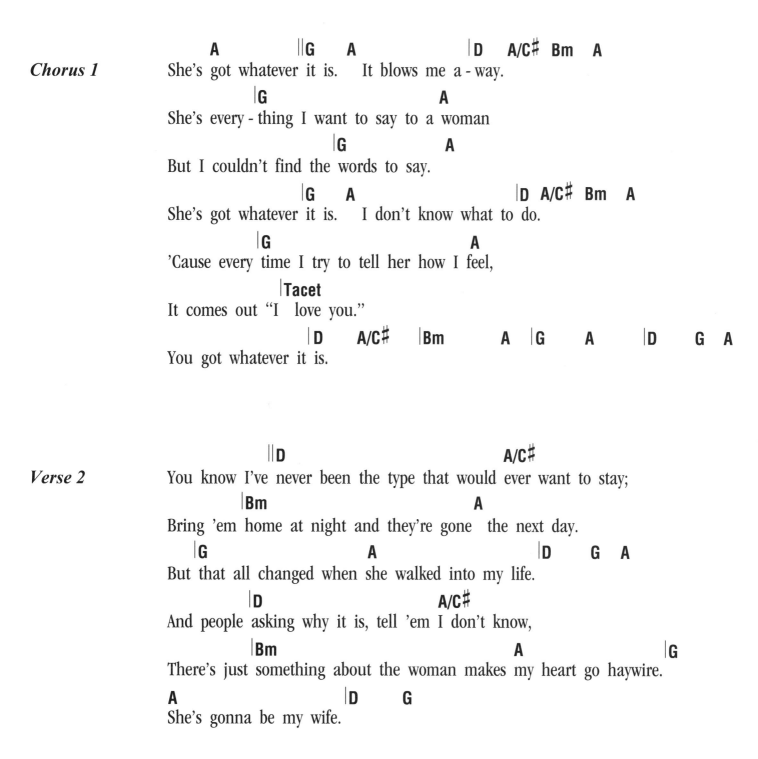

Bridge

```
                 ||D   A/C#   Bm   A  |
'Cause when she loves      me,
G                  A
Girl, that's how I  feel.
                 |D   A/C#   Bm   A
'Cause when she loves      me,
    |G                 A
I'm on top of the world.
                 |D   A/C#   Bm   A
'Cause when she loves      me,
  |G              A
Now I can live forev - er
              |D   A/C#   Bm
And when she loves     me,
A  |G          |D
I am untouchable.
```

Chorus 2

```
                    ||G    A                 |D   A/C#  Bm   A
She's got whatever it is.    It blows me a - way.
             |G                         A
She's every - thing I want to say to a woman
                         |G            A
But I couldn't find the words to say.
                    |G    A                        |D A/C#  Bm   A
She's got whatever it is.    I don't know what to do.
             |G                          A
'Cause every time I try to tell her how I feel,
                |Tacet
It comes out "I  love you." I do.
                   |D    A/C#   |
You got whatever it is.
Bm        A        |G     A     |D    G   A  |D          ||
   Oh, you got whatever it is.
```

Where the Boat Leaves From

Words and Music by
Zac Brown and Wyatt Durrette

(Tune down one half step; low to high: E♭-A♭-D♭-G♭-B♭-E♭)

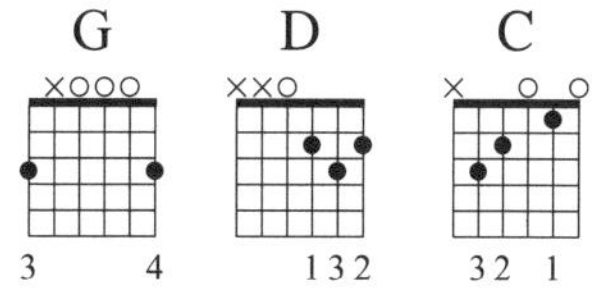

Intro G | | |D |G |C |G |D

Chorus 1

||G |
There's a place where the boat leaves from;
|G |D
It takes a - way all of your big problems.
|G |C
You got worries, you can drop 'em in the blue ocean.
|G |D
But you gotta get away to where the boat leaves from.

Verse 1

||G |
Take one part sand and one part sea,
|G |D
And one part shade of bana - na tree.
|D |
And the drinks are cold and the reggae is hot
|D |G
And I know this is the place for me.

Chorus 2

||G |
Get a- way to where the boat leaves from;
|G |D
It takes a - way all of your big problems.
|G |C
You got worries, you can drop 'em in the blue ocean.
|G |D ||
But you gotta get away to where the boat leaves... Jimmy...

Interlude

G | | |D | | | | G |

G | | |D | | | | G

Verse 2

||G |
See, the problem is that you're right there;
|G |D
There's a perfectly good island somewhere
|D |
With a ride that floats and don't grab your coat.
|D |G
You won't need it where we are going.

Chorus 3

||G |
Get a- way to where the boat leaves from;
|G |D
It takes a - way all of your big problems.
|G |C
You got worries, you can drop 'em in the blue ocean.
|G |D
But you gotta get away to where the boat leaves from.

Pre-Bridge

```
        ||G          |
Pick me up.
         |G         |D
Pick me up.
         |G         |C         |G          |
Pick me up.
        |G                        |
Put me down, down on the sand  where it's cool.
        |G                  |D
Put me down. And when I fall  off my stool...
        |G                |C                        |G          |
Put me down. I'll just sleep  there till morning comes 'round.
```

Bridge

```
     ||G                              |
With sunshine, tanned ladies, and piña colodas
     |G                              |D
And Bob Marley songs that are playing,
          |D                       |
There's a song in my ear that I want you to hear,
     |D                   |G          |           |            |
Soft tropical lips that are singing:
```

Repeat Chorus 3

Chorus 4

```
            ||G                   |
So get a-way to where the boat leaves from;
             |G              |D
It takes a-way all of your big problems.
           |G                                 |C
You got worries, you can drop 'em in the blue ocean.
            |G                         |D
But you gotta get away to where the...
```

Chorus 5

```
            ||G                   |
So get a-way to where the boat leaves from;
             |G              |D
It takes a-way all of your big problems.
           |G                                 |C
You got worries, you can drop 'em in the blue ocean.
            |G                         |D         |G         |    |    |    ||
But you gotta get away to where the boat leaves from.
```

Outro

```
G           |            |            |D            |
Ooh,            pick me up.
G           |C           |G           |             |
Ooh,            pick me up.
G           |            |            |D            |
Ooh,            put me down.
G           |C          |G            |             |
Ooh,            put me down.
G           |            |            |D            |
Ooh,            pick me up.
G           |C           |G           |             |
Ooh,            pick me up.
G           |            |            |D            |
Ooh,            put me down.
G           |C          |G            |             ||
Ooh,            put me down.
```

Free

Words and Music by
Zac Brown

(Capo 1st fret)

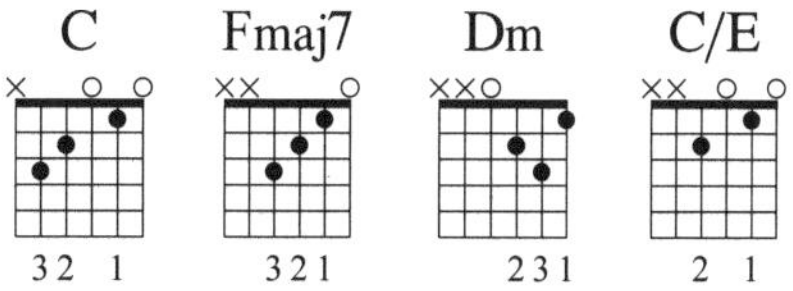

Intro

C | | | | **Fmaj7** | | |

Verse 1

||**C** | |
So we live out in our old van,
C | |
Travel all across this land,
Fmaj7 | | |
Me and you.
|**C** | |
And we'll end up hand in hand
C |
Somewhere down on the sand,
|**Fmaj7** | | |
Just me and you.

Chorus 1

||**C** | | |
Just as free,
C |**Fmaj7** | | |
Free as we'll ever be.
|**C** | | |
Just as free,
C |**Fmaj7** | | | ||
Free as we'll ever be.

Intro

C | | | | **Fmaj7** | | |

Verse 2

||C |
We'll drive until the cit - y lights
|C |
Dis - solve into a coun - try sky,
|Fmaj7 | | | |
Just me and you.
C | |
Lay underneath the har - vest moon,
C |
Do all the things that lov - ers do,
|Fmaj7 | | |
Just me and you.

Chorus 2

||C | | |
Just as free,
C |Fmaj7 | | |
Free as we'll ever be.
|C | | |
Just as free,
C |Fmaj7 | | | |C | | |
Free as we'll ever be, and ever be.

Interlude

C Dm C/E ||Fmaj7 | | | |

C | | | Dm C/E |

Fmaj7 | | | |C |

Bridge

||C |
No, we don't have a lot of mon - ey.
|C |
No, we don't have a lot of mon - ey.
|C |
No, we don't have a lot of mon - ey.
|C |
No, we don't have a lot of mon - ey.
|C |
No, we don't have a lot of mon - ey.
|C |
No, we don't have a lot of mon - ey.
|C | |
No, we don't have a lot of mon - ey.
Fmaj7 | |C | |
All we need is love.

Chorus 3

|C Dm C/E ||Fmaj7 | | |
We're free as we'll ever be.
|C | | |
Just as free,
C Dm C/E |Fmaj7 | | |
Free as we'll ever be.

Outro

||C | |
So we live out in our old van,
C | |
Travel all across this land,
Fmaj7 | ||
Me and you.

Chicken Fried

Words and Music by
Zac Brown and Wyatt Durrette

(Tune down one half step; low to high: E♭-A♭-D♭-G♭-B♭-E♭)

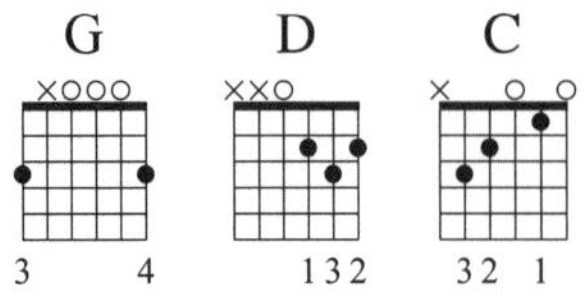


```
Intro          G    |    |    |D  |G    |C    |    |G    |D
```

```
Chorus 1                   ||G                |
               You know I like my chicken fried,
                             |D            |
               Cold beer on a Friday night,
                                  |C          |
               A pair of jeans that fit  just right,
                            |G        |D          ||
               And the radio up.
```

```
Interlude 1    G    |    |D    |    |C    |    |G    |D
```

```
Verse 1                  ||G                     |D              |C
               Well, I was raised up beneath the shade  of a Georgia pine;
                          |D             |
               And that's home, you know.
               G              |D                   |C          |D
               Sweet tea, pecan pie,  and homemade wine,   where the peaches grow.
                  |G              |D              |C         |D
               And my house, it's not much to talk about,
                    |G                  |D                |C           |D
               But it's filled with love that's grown  on Southern ground.
                              ||
               And a little bit of
```

Chorus 2

G |
Chicken fried,
|D |
Cold beer on a Friday night,
|C |
A pair of jeans that fit just right,
|G |D
And the radio up.
|G |
I like to see the sunrise,
|D |
See the love in my woman's eyes,
|C |
Feel the touch of a precious child,
|G |D
And know a mother's love.

Verse 2

||G |D |C |D
It's funny how it's the little things in life that mean the most;
|G |D |C |D
Not where you live, what you drive, or the price tag on your clothes.
|G |D |C |D
There's no dollar sign on peace of mind; this I've come to know.
|G |D |C |D
So if you agree, have a drink with me, raise your glasses for a toast
||
To a little bit of

Repeat Chorus 2

Interlude 2

G | |D | |C |C |G |D |

G | |D | |C |C |G |D |

G | | D | G |C | |G |D

```
                    ||G             |
Verse 3       I thank God for my life

                    |D              |
              And for the Stars  and Stripes.

                    |C      |       |G        |D
              May freedom for - ever fly,  let it ring.

                    |G              |
              Salute the ones  who died,

                    |D              |                    |C        |
              The ones that give  their lives   so we don't have to sacrifice

              Tacet   |G    |D
              All the things we love.      Like our
```

Repeat Chorus 2

```
                    ||G
Chorus 3      Get a little chicken fried,

                    |D              |
              A cold beer on a Friday night,

                         |C         |
              A pair of jeans that fit  just right,

                    |G        |D
              And the radio up.

                    |G         |
              I like to see the sunrise,

                      |D          |
              See the love in my woman's eyes,

                      |C          |
              Feel the touch of a precious child,

                         |G        |D        |G        |  D G    ||
              And know a mother's love.
```

Mary

Words and Music by
Zac Brown and J Cline

(Capo 4th fret)

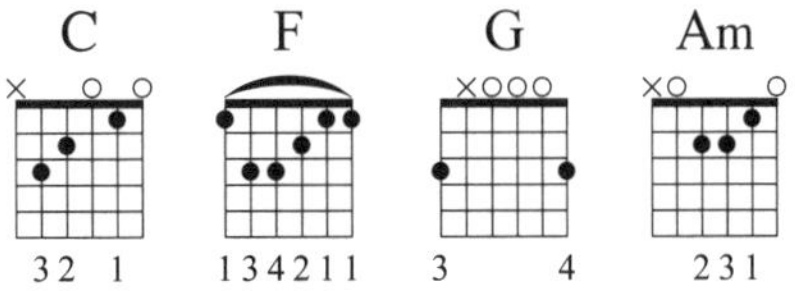

Intro

C | F | C | | G | | C | |

C | F | C | | G | | C | ||

Chorus

C | |
Mar - y,
F | |
Mar - y,
C | G | C | ||
Why you want to do me this way?

Verse 1

C | | F | |
I was dumb enough not to settle down
C | | G | |
When you wanted to.
C | | F | |
Now I'm sitting here going crazy
C | G | C | ||
Trying to crawl back to you.

Repear Chorus

Repeat Intro

Verse 2

```
C    |              |F         |         |
I was smart enough to come to my senses,
C         |         |G       |      |
Be who you need me to be.
C    |       |F     |
If you say that I'm too late,
  |C        |G         |C      |       ||
I'll curl up and die in miser - y.
```

Repeat Chorus

Repeat Intro

Bridge

```
Am |      |G       |      |
I re - member our first kiss
Am     |        |G      |      |
  On the Fourth of Ju - ly.
Am     |            |G        |      |
I'll never miss another one of those.
F    |      |G       |       |      |      ||
I'll be by your  side.
```

Repeat Intro

```
C      |F      |C      |       |G      |       |C      |       ||
```

Verse 3

```
C   |     |F               |
If my foolish heart was wrong,
    |C         |               |G          |
This truly was never meant to be.
     |C    |                 |F               |
Well, I only hope that he'll count his lucky stars
    |C              |G        |C       |        ||
And loves you as much as me.
```

Repeat Chorus

Outro

```
C       |       |
Mar  -  y,
F       |       |
Mar  -  y,
C                 |G       |Tacet  |       |       |
Why you want to do me this way?
C       |F      |C      |       |G      |       |C      |       ||
```

Different Kind of Fine

Words and Music by
Zac Brown, Wyatt Durrette and Geoffrey Stokes Nielson

(Tune down one half step; low to high: E♭-A♭-D♭-G♭-B♭-E♭)

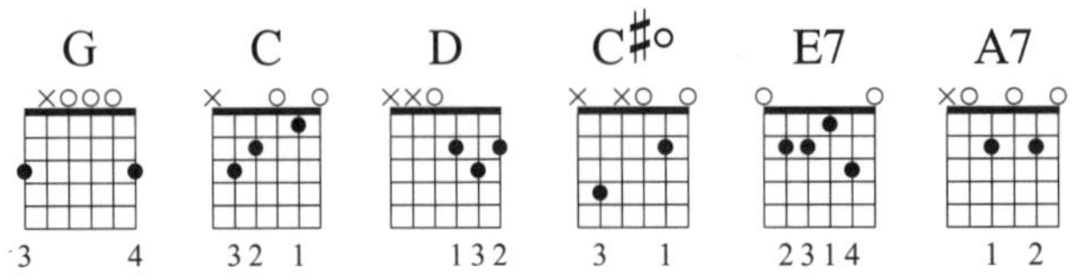

Chorus

‖G C
She make a train take a dirt road,
|G
Make it stop on a dime.
|G D
Make 'em wonder which way to go,
|G
Make a man change his mind.
|C C♯o
She's a lawyer's queen, a trucker's dream,
|G E7
With a baseball hat fit for a queen,
|A7 D |G ‖
A genuine, a different kind of fine.

Verse 1

G |C |
Cadillacs and caviar, well, that ain't how she rolls.
G |C D
Implants and tummy tucks, she sure don't need those.
|G |
She's a cool drink of water when the summer's mean,
C
Poured into those Levi jeans.
|G D |G
She's country as the day is long.

Repeat Chorus

Verse 2

```
G
Tan and lean like a long-neck bottle,
       |C
In the passenger seat got her hand on the throttle.
      |G                             |D
She'll  get you there right on time.
      |G                                                       |
Lord, take you down to Tijuana, make you wanna slap your momma,
C                                                  |
Got you all torn up, made you spill your dip cup.
G           D                  |G
Bona fide, a different kind of fine.
```

Repeat Chorus (2x)

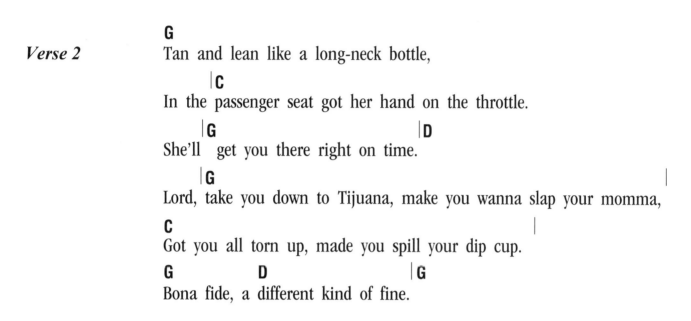

Highway 20 Ride

Words and Music by
Zac Brown and Wyatt Durrette

(Capo 3rd fret)

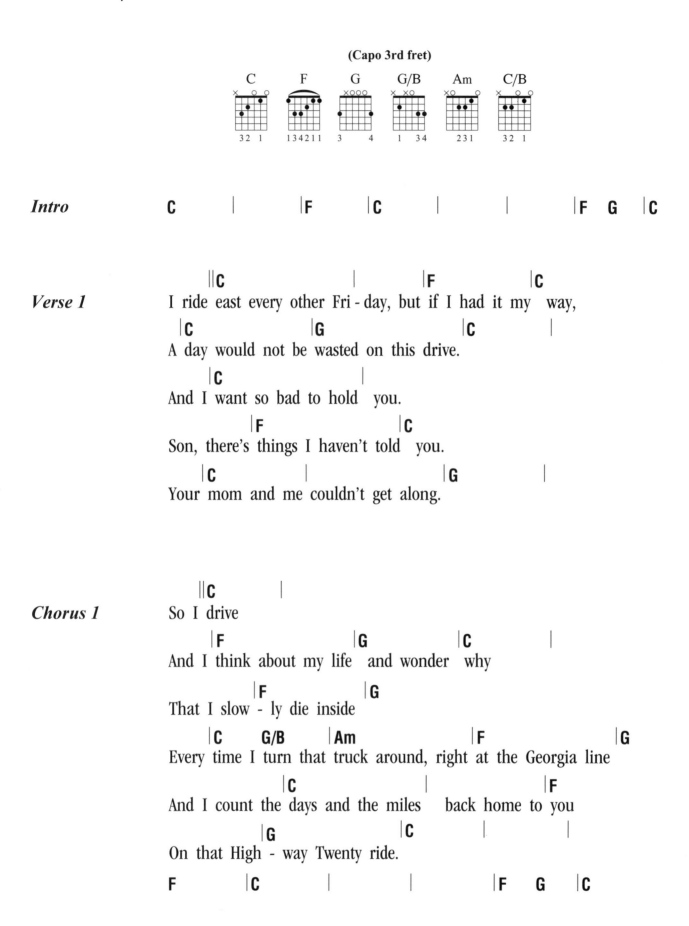

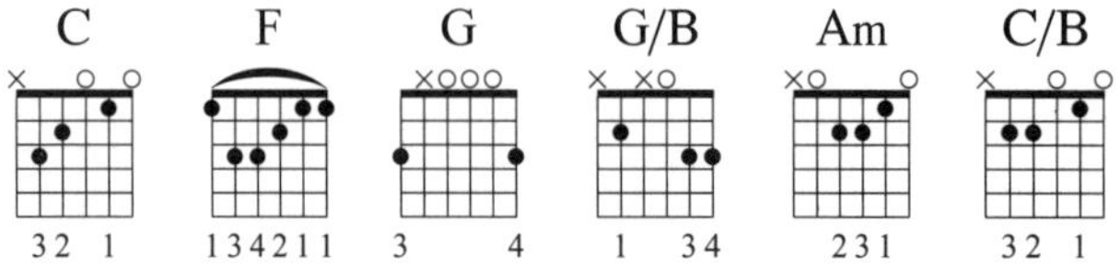

Intro

C | |F |C | | |F G |C

Verse 1

||C | |F |C
I ride east every other Fri - day, but if I had it my way,
|C |G |C |
A day would not be wasted on this drive.
|C |
And I want so bad to hold you.
|F |C
Son, there's things I haven't told you.
|C | |G |
Your mom and me couldn't get along.

Chorus 1

||C |
So I drive
|F |G |C |
And I think about my life and wonder why
|F |G
That I slow - ly die inside
|C G/B |Am |F |G
Every time I turn that truck around, right at the Georgia line
|C | |F
And I count the days and the miles back home to you
|G |C | |
On that High - way Twenty ride.
F |C | | |F G |C

Verse 2

```
||C                                |          |F                        |C
A day might come you'll real - ize that if you see through my  eyes,
     |C                |G              |C            |
There was no other way   to work it out.
      |C                        |
And a part of you might hate  me,
    |F                   |C
But, son, please don't mistake  me
       |C          |                 |G          |
For the man that didn't care at all.
```

Chorus 2

```
     ||C        |
And I drive
     |F                 |G             |C            |
And I think about my life  and wonder  why
             |F             |G
That I slow - ly die inside
     |C      G/B      |Am          G     |F                 |G
Every time I turn that truck around,  right at the Georgia line
                  |C                   |C/B             |F
And I count the days and the miles     back home to you
              |G                  ||
On that High - way Twenty ride.
```

Interlude

```
C    |    |F   |C   |    |    |G   |   |
C    |    |F   |C   |    |    |F G |C  |   |   |
```

```
                    ||C          |
Bridge     So when you drive
                    |F          |G          |C          |
           And the years  go flying by,  I hope you  smile
             |F                  |G
           If I ever cross your mind.
               |F                 |G         |F                   |G
           It was a pleasure of my life,    and I cherished every time.
                             |C        |C/B                 |F
           And my whole world,   it begins    and ends with you
                     |G               ||
           On that High - way Twenty ride.


           C    |      |F    |G          |
Outro              Woh, oh, oh,   Twenty ride.
           C    |      |F    |G          |
                   Woh, woh,      Twenty ride.
           C    |      |F    |G          |
                   Woh, woh,      Twenty ride.
           C    |      |F    |G          |
                   Woh, woh,      and I'll ride.
           C    |      |F        |G      |

           C    |      |F        |G      |C       ||
                   Woh, woh, oh.
```

It's Not OK

Words and Music by
John Driskell Hopkins

(Tune down one half step; low to high: E♭-A♭-D♭-G♭-B♭-E♭)

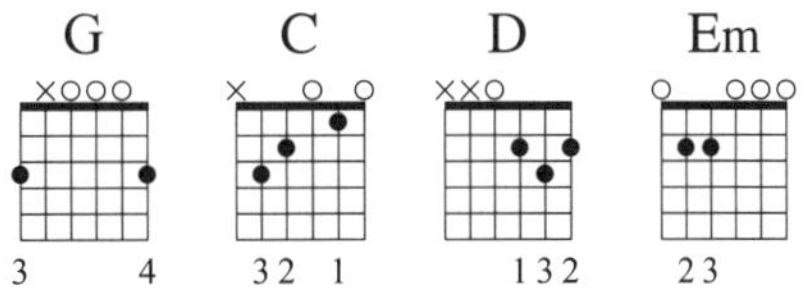

Intro

G | |C | |G | |D |N.C. |

G | |C | |G |D |G |

Verse 1

||G |
A man was bothering me today
|C |
And I and wanted to tell him to go away,
|G | |D |
But I stood and listened to him anyway. OK?
|G |
He said he didn't want to shoot that man,
|C | |
And it was his thing and I wouldn't understand,
G |D |G | ||
And he had done all that he can. OK? OK.

Interlude 1

G | |C | |G | |D | |

G | |C | |G |D |G |

Verse 2

```
||G                         |
I guess his body was as good as mine,
    |C                      |
And just like me, he was wasting time
        |G               |                       |D            |
Turning every stone to see what he could find.  OK?
        |G                     |
He was filling the tank and he asked for money.
 |C                     |
I lied and said I didn't have any,
         |G                       |D                     |G          |         ||
Then my conscience took over and gave him a handful of change.
```

Chorus 1

```
C                 |          |G                   |            |
Don't do a thing.             (Don't do a thing.)
D         |        |G         |         |
Stay               right there.
C         |              |G          |Em            |
You'll lie there.          (You'll lie there.)
C         |D       |G         |         ||
You don't seem to care.
```

Repeat Interlude 1

Verse 3

```
||G                            |
I know it's hard to sur - vive in the city
           |C                    |
When the beautiful days don't look so pretty
         |G                      |                      |D          |
And you don't have windows to keep the night away. OK?
        |G                         |
He was dirty and stinky and just  a bit crude,
       |C                          |                       |
But I didn't say that 'cause that's  kind of rude.
G                                  |D                   |G          |         ||
   He didn't care what I had  to say in the first place.        OK?
```

Repeat Interlude 1

Verse 4

```
||G                               |
I wanted to say, "You're a big disgrace
        |C                           |
To the world, yourself, and the human race,"
            |G                     |                       |D           |
And reach back and pop him one good time in the face. OK?
        |G                |
No, its not OK and I didn't do that,
       |C                    |
But I gave him a smile and tipped my hat
    |G                           |D                  |G           |          ||
And told him to have a very nice rest of the day.
```

Repeat Chorus 1

Interlude 2

```
G        |        |C        |        |G        |        |D        |        |
G        |        |C        |        |G        |D        |G        |D
```

Verse 5

```
         ||G                       |
Well, I guess he bought some booze with it,
      |C                          |
And, sure, that bothers me a little bit,
         |G          |                       |D                 |
But it's his life and I can't tell him how to live it. That's right.
       |G                      |
As he turned and started to go his way,
        |C                              |       |G Tacet    |          |          ||
I tried  to think of something wise  to say     like...
```

Chorus 2

```
C                   |          |G                    |             |
Don't do a thing.              (Don't do a thing.)
D        |        |G          |          |
Stay           right there.
C          |             |G          |Em
You'll die there.         (You'll die there.)
        |C          |D        |G        |         |
'Cause you don't seem to care.
C          |             |G          |Em          |
You'll die there.         (You'll die there.)
C          |D        |G        |         ||
You don't seem to care.
```

Jolene

Words and Music by
Ray LaMontagne

(Tune down one half step; low to high: E♭-A♭-D♭-G♭-B♭-E♭)

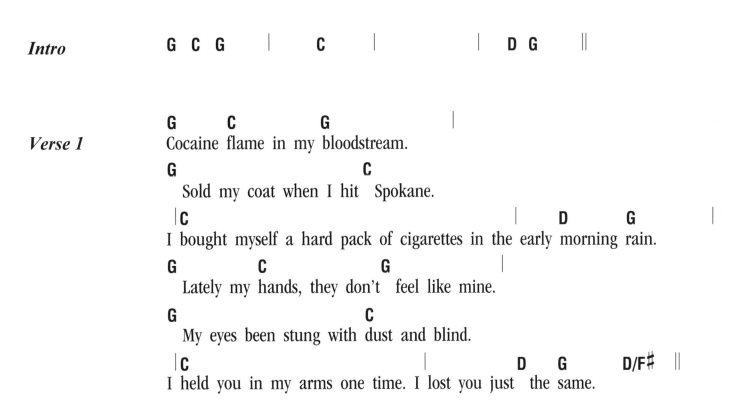

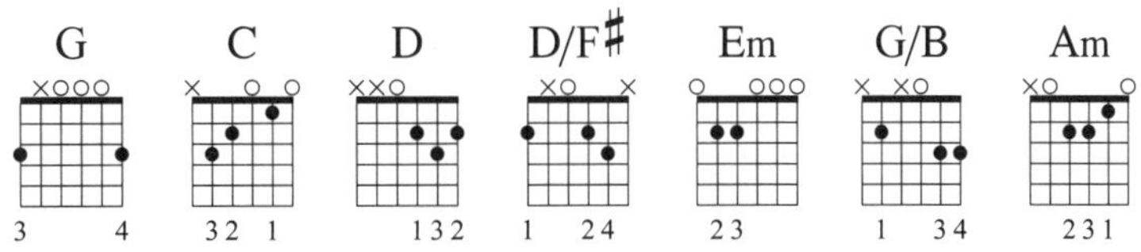

Intro

G C G | C | | D G ||

Verse 1

G C G |
Cocaine flame in my bloodstream.
G C
Sold my coat when I hit Spokane.
|C | D G |
I bought myself a hard pack of cigarettes in the early morning rain.
G C G |
Lately my hands, they don't feel like mine.
G C
My eyes been stung with dust and blind.
|C | D G D/F♯ ||
I held you in my arms one time. I lost you just the same.

```
         Em        D        |
*Chorus*     Jolene,
         C                          |G
             Well, I ain't about to go  straight.
            |C
         It's too late,
                      |G      C        G
         And I found  myself face down in the ditch,
                 |D
         Booze  in my hair, blood on my lips,
          |Em
         A picture of you holding a picture of me
                |C                           G      D/F♯    |
         In the pocket of my blue jeans.
         Em            D              |C                       |
             Still don't know what love  means.
         Em            D              |C              G/B  |Am        D
             Still don't know what love  means.
                |G    C    G
         Jolene.
                  |C     G/B     Am      |G    C    G
         La la la   la la   la la.  Jolene.
                  |C     G/B    Am       ||
         La la la   la la   la la   la la la.
```

Repeat Intro (2x)

Verse 2

```
G              C              G               |
  It's been so long since I've  seen your face
G                         C
  Or felt a part of this human race.
    |C                                  |    D   G        |
Been living out of this here suitcase for way too long.
G              C              G             |
  A man needs something he can  hold on to;
G                             C                  |
  Nine-pound hammer or a woman like you.
C                                 |   D   G    D/F#  ||
   Either one of them things will do.
```

Repeat Chorus

Outro

```
G      C      G        |

G       C           G             |
Cocaine flame in my bloodstream.
G                          C         ||
  Sold my coat when I hit  Spokane.
```

Sic 'Em on a Chicken

Words and Music by
Zac Brown and John Driskell Hopkins

(Capo 3rd fret)

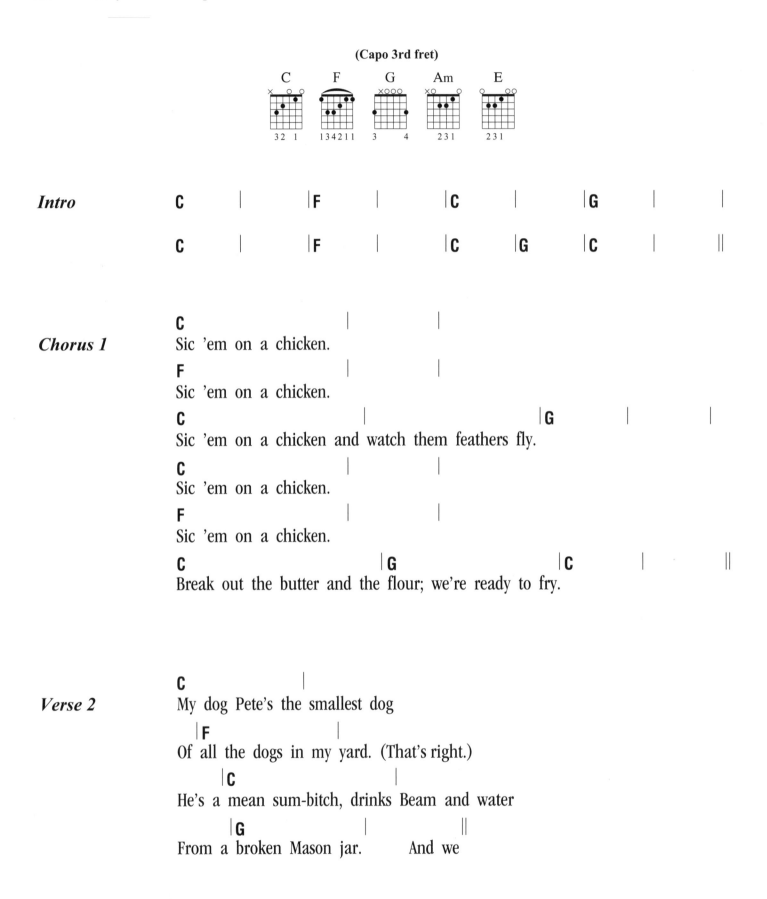

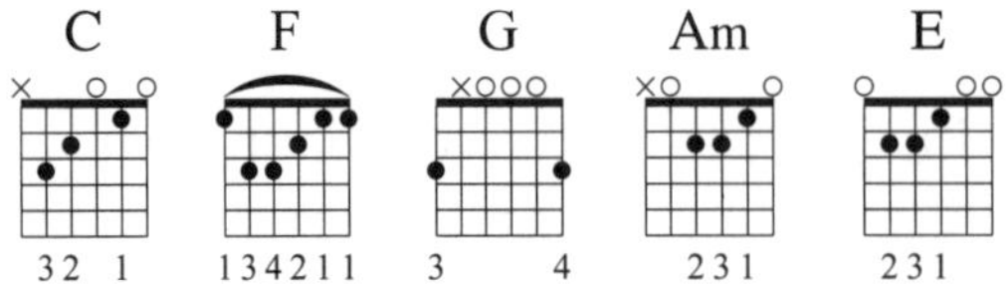

Intro

C | |F | |C | |G | |
C | |F | |C |G |C | ||

Chorus 1

C | |
Sic 'em on a chicken.
F | |
Sic 'em on a chicken.
C | |G | |
Sic 'em on a chicken and watch them feathers fly.
C | |
Sic 'em on a chicken.
F | |
Sic 'em on a chicken.
C |G |C | ||
Break out the butter and the flour; we're ready to fry.

Verse 2

C |
My dog Pete's the smallest dog
|F |
Of all the dogs in my yard. (That's right.)
|C |
He's a mean sum-bitch, drinks Beam and water
|G | ||
From a broken Mason jar. And we

Repeat Chorus 1

Interlude 1

C | |F | |C | |G | |

C | |F | |C |G |C |

Verse 2

||C | |
I heard this awful noise coming out of the woods.
F |
(Coming out of the woods.)
|C
I heard chicken screams.
|C |G |
I knew it wasn't gonna be good.

Chorus 2

||C |
I think we lost a chicken.
|F |
I think we lost a chicken.
|C | |G |
I think we lost a chicken 'cause I just heard her cry.
|C |
I think we lost a chicken.
|F |
I think we lost a chicken,
|C |G |C | ||
But you can get another one for a dollar seventy-nine.

Repeat Interlude 1

Verse 3

||C |
Over a couple of years his spurs had grown,

|F |
And he wasn't safe to keep around the home.

|C |
And he almost took an eye - ball

|G |
From Lonny's son.

|C |
And I was in the kitchen making fig preserves,

|F |
And I heard that young'un got kicked in the face,

|C |G
And I knew it was the day that that rooster's

|C |
Gonna get what he de - serves.

Chorus 3

||C | |
So I chased the chicken.

F | |
I chased the chicken.

C | |G | |
I chased the chicken and Pete hit him from the side.

C | |
I chased the chicken.

F | |
I chased the chicken.

C |G |Am | | | ||
Me and Pete suppered on a home-made chicken pot pie.

Interlude 2

```
Am      |        |        |        |        |        |        |        |

Am      |        |  E     | Am     |        | Dm     | E  Am  |
                                                          Hey!
Am      |        |  E     | Am     |        | Dm     | E  Am  |
                                                          Hey!
Am      |        |  E     | Am     |        | Dm     | E  Am  |
                                                      Hey!
Am      |        |  E     | Am     |        | Dm     | E      |

Am      |        |        | N.C.   |

C       |        | F      |        | C      |        | G      |
```

Chorus 4

```
           ||C                        |              |
Well, sic 'em on a chicken.
F                        |            |
Sic 'em on a chicken.
C                        |                | G        |              |
Sic 'em on a chicken and watch them feathers fly.
C                        |            |
Sic 'em on a chicken.
F                        |            |
Sic 'em on a chicken.
C                              | G        | C        |        ||
I can smell the kitchen and it's almost supper - time.
```

Let It Go

Words and Music by
Zac Brown and Wyatt Durrette

(Tune down one half step; low to high: E♭-A♭-D♭-G♭-B♭-E♭)

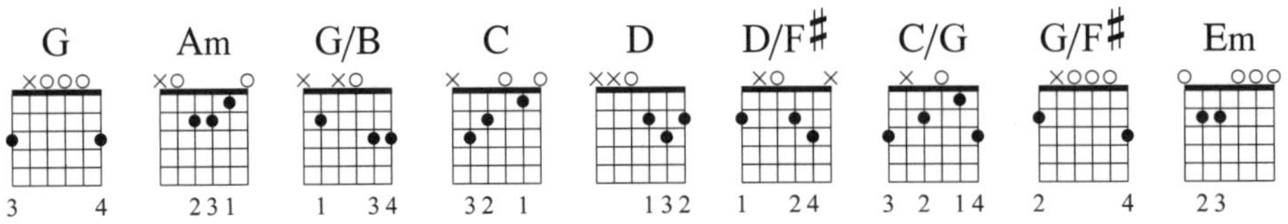

Intro

G | | | | | |

Am G/B | C D | G | | | |

G | | C G/B | Am D/F♯ | G C/G | G ||

Verse 1

G | | C | G |
Spent the night with a friend of mine and a handle of good whiskey.
G | | C | G
Picked guitars and talked about how the glory days, we miss 'em.
| C | | G G/F♯ | Em |
It didn't take too long to find the truth inside that bottle.
C | G | D | G |
Cast a-sea so long ago was a message from my father:

Chorus 1

G Tacet || C | | G |
You keep your heart above your head and you eyes wide open
| G | | D |
So this world can't find a way to leave you cold.
| Em | D/F♯ | N.C. |
And know you're not the only ship out on the o - cean.
| C | D
Save your strength for things that you can change,
| C | D Tacet | N.C. | | | |
For - give the ones you can't. You gotta let it go.
N.C. | | C G/B | Am D/F♯ | G | ||

```
            G              |                 |C          |G
*Verse 2*   Looking back now on my life, I can't  say I regret it.
                     |G             |                  |C                   |G
            And all the places that I've ended up, not the way Ma woulda had it.
                  |C            |                     |G      G/F♯     |Em
            But you only get one chance in life to leave  your mark upon   it.
                 |C            |G                  |D  Tacet          |N.C.    |
            When a pony, he comes riding by, you better sit your sweet ass on    it.
```

Repeat Chorus 1

```
*Interlude*   C     |D     |G     |      |C     |D     |Em     |      |

              C     |G     |D     |Em    |C     |D     |G      |
```

```
               ||C                 |D            |G       |
*Bridge*    Like a sweet sunset in Geor - gia, let it go.
                |C                  |D           |Em       |
            Like the fear that grabs a-hold   ya, let it go.
               |C   |G       |D/F♯ |Em
            La la la la la,   la la la la la,
               |C   |Am          |G        |
            La la la la la, you let it go.
               |C   |G       |D/F♯ |Em
            La la la la la,   la la la la la,
               |C   |Am          |G        |
            La la la la la, you let it go.
```

Chorus 2

||C | |G |
But keep your heart above your head and your eyes wide open

|G | |D |
So this world can't find a way to leave you cold.

|Em |D/F♯ |N.C. |
And know you're not the only ship out on the o - cean.

|C |D
Save your strength for things that you can change,

|C |D Tacet |N.C. | | |
For - give the ones you can't. You gotta let it go.

N.C. | | | | |
Learn to let it go.

G | |C D| |G | |N.C. | G| ||

Knee Deep

Words and Music by
Zac Brown, Wyatt Durrette, Coy Bowles and Jeffrey Steele

(Capo 3rd fret)

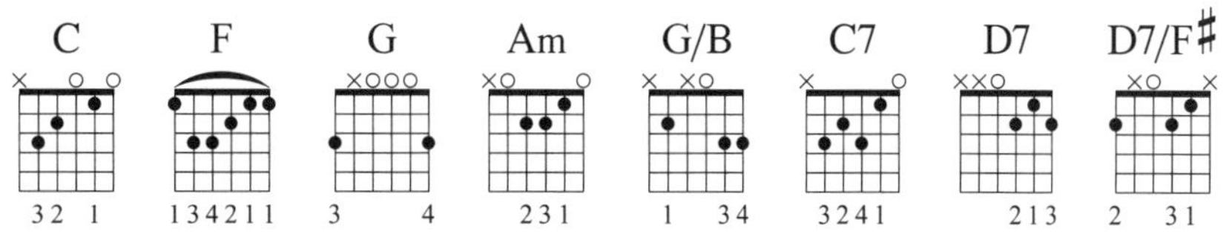

Intro

C | |F | |C |G |C | |

C | |F | |Am G |F G |C | ||

Verse 1

C | |
Gonna put the the world a - way for a minute,
F | |
Pretend I don't live in it.
C |G |C | |
Sunshine gonna wash my blues away.
C | |
Had sweet love but I lost it;
F |
She got too close so I fought it.
|Am G |F G |C |
Now I'm lost in the world, trying to find me a better way.
||
Wishing I was

Chorus 1

```
C                     |
  Knee deep in the water somewhere;
        |F                        |
Got the blue sky, breeze, and it don't seem fair.
    |C                           |G                      |C            |           |
Only worry in the world: is the tide gonna reach my chair?
C                     |
  Sunrise, there's a fire in the sky;
      |F                       |
Never been so happy, never felt so high.
      |Am                  G              |F            G    |C           |         ||
And I think I might have found me my own kind of para - dise.
```

Interlude

```
C         |          |F         |          |C         |G         |C         |         ||
```

Verse 2

```
C                           |                      |
  Wrote a note, said, "Be back in a minute."
F                           |
  Bought a boat and I sailed off in it.
      |C                          |G                  |C     G/B     |Am   G         |
Don't    think anybody gonna miss me anyway.
C              |                        |
  Mind on a permanent vacation,
F                     |
  The ocean is my only medication.
     |Am                 G              |F            G           |C            |
Wish  -  ing my con - dition ain't ev  -  er gonna go away.
                   ||
'Cause now I'm
```

```
                C              |
Chorus 2          Knee deep in the water somewhere;
                         |F                        |
                Got the blue sky, breeze blowing wind through my hair.
                     |C                      |G                |C        |        |
                Only worry in the world: is the tide gonna reach my chair?
                C              |
                  Sunrise, there's a fire in the sky;
                       |F               |
                Never been so happy, never felt so high.
                        |Am             G          |F         G   |C        |
                And I think I might have found me my own kind of para - dise.
```

```
                    ||Am        |            |C          |
Bridge          This champagne shore watching over me.
                     |G           |          |C         |C7        |
                It's a sweet, sweet life   living by the salty sea.
                F      |            |C           |
                One day you could be as lost as me.
                                 |D7        |
                Change you're ge - ography,
                        |G          |       |       |       ||
                Maybe you might be
```

Chorus 3

```
C                        |
  Knee deep in the water somewhere;
        |F                        |
Got the blue sky, breeze blowing wind through my hair.
    |C                      |G                  |C         |         |
Only worry in the world: is the tide gonna reach my chair?
C                        |
  Sunrise, there's a fire in the sky;
     |F                   |
Never been so happy, never felt so high.
      |Am               G           |F          G   |C        |        ||
And I think I might have found me my own kind of para - dise.
```

Outro

```
C                                |G                       |
Come on in, the water's nice. Find yourself a little slice.
C      G/B                    |Am            G         |F          |
Grab a bag, pack a lunch; You'll never know un - til you try.
              |D7/F♯           |
When you lose yourself,
   |G       |          |C      |         |F       |        |C       |G       |
You find the key to para - dise.
C        |        |        |        |F        |        |Am G  |F  G  |C     ||
```

No Hurry

Words and Music by
Zac Brown, Wyatt Durrette and James Otto

(Capo 3rd fret)

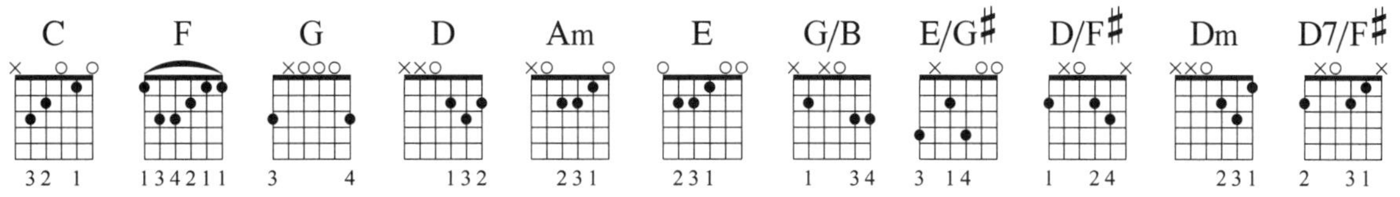

Intro **C F | G | C F | G C**

Verse 1

```
        ||F                 C
You know, my old car needs washing
       |G                C
And the front yard needs a trim.
       |F               C
And the telephone keeps ringing,
       |D             G
And the boss man knows I know it's him.
       |F              C                    |G          Am
And the bills ain't gonna pay themselves, no matter any - way.
       |F             G      ||
'Cause I ain't in no hurry today.
```

Repeat Intro

Verse 2

```
                  ||F                   C
There's nothing wrong with an old cane fishing pole
           |G            C
And the smell of early spring.
            |F          C
Sit down  in a fold - up easy chair
        |D          G
On a quiet shady riverbank.
        |F           C                    |G                Am
Let the world go on without me; wouldn't have it any other way.
           |F           G          |C             ||
'Cause I ain't in no hurry today.
```

Chorus 1

```
F           G              |C          Am   E
Ain't in no hurry; I'd be a fool now to wor - ry
  |F              G             Am    |        E
A - bout all those things I can't change.
           |F           G          |C        G/B  Am    G
And the time that I borrow can wait till tomor  -  row
           |F           G          |N.C.          |       Am ||
'Cause I ain't in no hurry today.
```

Interlude

```
Am        E/G# |          G |          F |     E      Am |
Am        E/G# |          G |       D/F# |                ||
```

Bridge

```
Am              G          |Dm       Am          |
When I must re - turn to the cold, cold ground,
F                  G                 |Am     G    |D7/F♯      |
Have 'em take their  time when they lay this sinner down.
```

Verse 3

```
      ||F                C
Heaven knows that I ain't  perfect;
   |G           C
I've raised a little Cain.
     |F          C
And I plan to raise a whole lot more
   |D                G
Be - fore I hear those angels sing.
      |F                C        |G              Am
Gonna get right with the Lord, but there'll be hell to pay.
     |F          G           ||
But I ain't in no hurry...
```

Chorus 2

```
F          G              |C            Am   E
Ain't in no hurry; I'd be a fool now to wor - ry
  |F              G             Am      |          E
A - bout all those things I can't change.
        |F          G            |C        G/B  Am    G
And the time that I borrow can wait till tomor - row
        |F          G           |
'Cause I ain't in no hurry,
Am          D/F♯       |
Ain't in no hurry,
F               |            |C      F          |          G          |
Ain't in no         hurry today.
C      F          |G      C          ||
```

I Play the Road

Words and Music by
Zac Brown, Wyatt Durrette, John Driskell Hopkins, Coy Bowles, Clay Cook, Chris Fryar and Jimmy De Martini

(Tune down one half step; low to high: E♭-A♭-D♭-G♭-B♭-E♭)

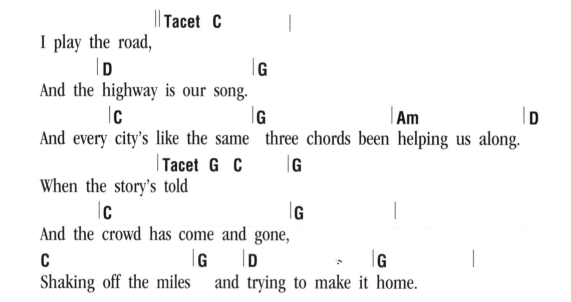

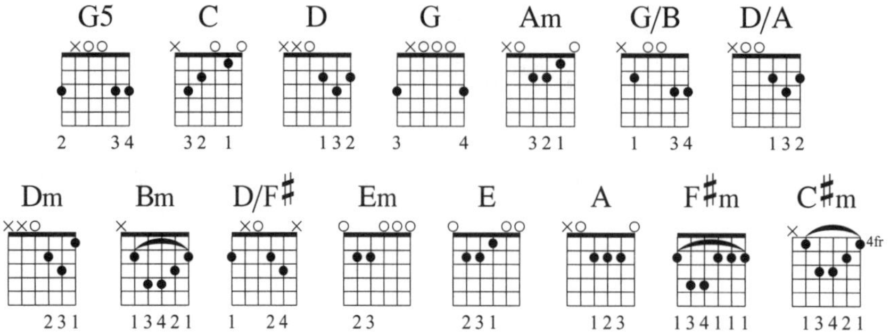

Intro

G5 | | | N.C. |
N.C. C | | D | G |
C | G | D | G |

Chorus 1

|| Tacet C |
I play the road,
| D | G
And the highway is our song.
| C | G | Am | D
And every city's like the same three chords been helping us along.
| Tacet G C | G
When the story's told
| C | G |
And the crowd has come and gone,
C | G | D | G |
Shaking off the miles and trying to make it home.

Verse 1

```
    ||C            |G/B          |D/A           |G
Every exit is a sea - son, every signal is a bea - con.
          |C                  |G/B      |Am                |D
And the wind, it carries me    and it eases up my load.
      |C                  |G/B     |D/A            |G
Every day I drag the turns;    every candle still burns.
              |C                 |G/B        |D/A                |G
And every lesson I have learned    brings us closer to the crowd.
```

Chorus 2

```
                  ||Tacet  C          |
I play the road,
         |D                   |G
And the highway is our song.
            |C               |G                   |Am              |D
And every city's like the same  three chords been helping us along.
                  |Tacet  G    C     |G
When the story's told
          |C                  |G               |
And the crowd is done and gone,
C                    |G     |D                 |G            ||
Shaking off the miles    and trying to make it home.
```

Interlude 1

```
N.C. C        |          |D          |G          |

C             |G         |D          |G          |
```

Verse 2

```
            ||C                   |G/B       |D/A                  |G
Well, the bus, it is our stee  -  ple; it brings us to the peo - ple.
     |C                           |G/B       |Am                        |D
And they will be there wait  -  ing,   dancing, young and old.
            |C                     |G/B           |D/A                       |G
And every one of us gets tired,      but every one remains inspired.
            |C                    |G/B         |D/A                            |G
And every one of us require       to keep picking through our souls.
```

Repeat Chorus 2

Interlude 2

```
N.C. C     |       |D       |G       |C       |G       |Am      |D       |
N.C. G  C  |G      |C       |G       |C       |G       |D       |G       |
N.C. C     |       |D       |G       |Am G    |Dm C    |Bm Am   |G       |
G          |       |
```

Bridge

```
         ||C                 |D          |G       D/F#   |Em
She says, "Daddy where do you go when you leave me all these nights
        |Am      G/B |      C          |D        |        |
With a suitcase, a gui - tar in your hand?
C                      |D            |G   D/F#       |Em        |
Kissing me and Mom  goodbye with a tear and a smile.
Am               |
Where do you go?
      |C               |D        |        |E         |
Daddy, where do you go?"
```

Chorus 4

```
                ||Tacet D        |
I play the road,
        |E                 |A
And this highway is our song.
         |D               |A                |Bm            |E
And every city's like the same   three chords been helping us along.
                |Tacet A    D   |A
When the story's told
        |D                    |A        |
And the crowd is done and gone,
D                  |A     |E              |A          |
Shaking off the miles   and trying to make it home.
D                  |F#m    |                  |C#m   |       |D    |
Shaking off the miles      (shaking off the miles,      mile after mile),
D       |E      |
Mile after mile.
E              |D        |Dm      |A         ||
Baby, I'm coming home.
```

Cold Hearted

Words and Music by
Zac Brown and Nic Cowan

(Capo 1st fret)

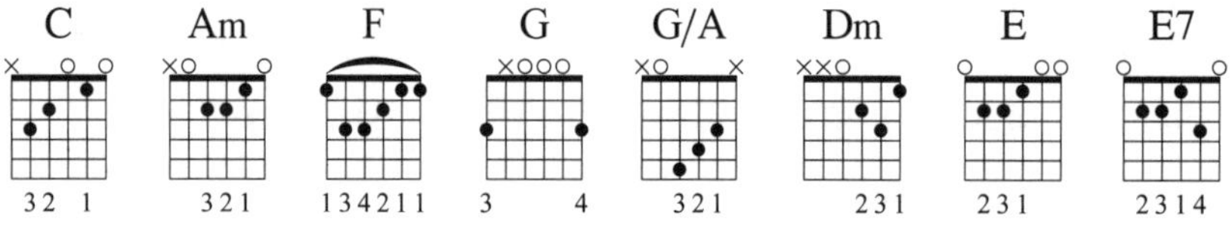

Intro

```
C     |     |     |     |Am     |     |     |     ||
```

Verse 1

```
C              |                  |       |     |
Fell to my knees with a knife   in my back.
Am                         |           |              |
Never thought you'd be the kind to do something like that,
         |F     |     |
But you did.
G   |       |C     |     |     |
Cold   hearted.
```

Verse 2

```
  ||C        |                |          |
You talked so sweet, and your smell  it made me weak.
    |Am    |        |            |
And I fell so fast that I never thought to ask
    |F     |     |
If you were
G   |       |C     |     |     |
Cold   hearted.
```

Chorus 1

```
  ||Am           |         |
An eye for an eye,
F                |
Tooth for a tooth.
 |G              |               |Am          |        |
I want someone to hurt  you, make you die the way I do.
F        |        |
I don't think
G      |    |Am   |G/A  |Am   |G/A  |F    |     |
I could be    so
G    |      |C    |     |     |    ||
Cold   hearted.
```

Interlude

```
Am    |    |F    |    |G    |    |Am    |    |
F     |    |G    |    |Am   |G/A |Am    |G/A |
F     |    |G    |    |C    |    |      |    ||
```

Verse 3

```
C                  |                  |            |
Pretty little words  covered your dark  and crooked heart.
      |Am                |           |              |
With a forked tongue I fell in love, then I fell apart.
       |F      |       |
You are so
G    |      |C      |       |        |
Cold   hearted.
```

Chorus 2

```
 ||Am                |          |
An eye for an eye,
F                   |
Tooth for a tooth.
 |G                         |                 |Am              |          |
I want someone to hurt  you, make you die the way I do.
F        |
I don't think
     |G        |     |Am     |G/A    |Am     |G/A    |F       |       |
That I could be    so
G    |        |Am    |       |Dm    |       |E     |E7      |       |
Cold   hearted.
```

Chorus 3

```
 ||Am                |          |
An eye for an eye,
F                   |
Tooth for a tooth.
 |G                         |                 |Am              |          |
I want someone to hurt  you, make you die the way I do.
F        |
I don't think
     |G        |     |Am     |G/A    |Am     |G/A    |F       |       |
That I could be    so
G    |        |Am     ||
Cold   hearted.
```

Whiskey's Gone

Words and Music by
Zac Brown and Wyatt Durrette

(Tune down one half step; low to high: E♭-A♭-D♭-G♭-B♭-E♭)

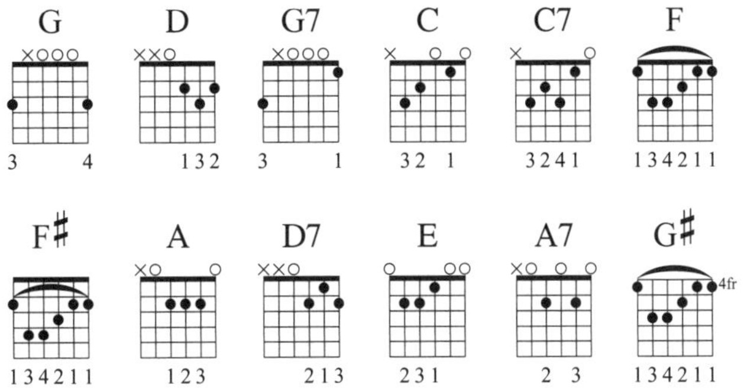

Verse 1

```
            ||G        |        |            |      |
There's a note on the table said "I ain't coming back
G      |      |D       |
Till your sorry ass is  gone.
   |G       |G7        |C            |C7      |
I'm tired of the cheating and running around.
G                |D          |G      |
Never saw the wrong in anything you've done."
```

Chorus 1

```
            ||G      |
Whiskey's gone
             |G      |G7
But I ain't leavin'.
          |F        |F♯          |G      |
There's got to be a bottle in the back.
            |G       |
Whiskey's gone
             |G      |G7      |
But I ain't leavin'.
F           |F♯        |N.C.   |     |G     |     |     |
Got to get this devil off my...
```

Verse 2

```
        ||G       |         |         |       |
Well, I stumble my way   down to my local bar,
G                |          |D       |
Where I saw the Devil in my glass.
   |G      |G7    |C           |C7     |
The bartender told me it was time to go.
G           |D            |G      |
I told him that he could lick my sack.
```

Chorus 2

```
        ||G      |
Whiskey's gone
           |G      |G7
But I ain't leavin'.
       |F        |F♯           |G       |
There's got to be a way to get her back.
        |G       |
Whiskey's gone
           |G      |G7      |
But I ain't leavin'.
F          |F♯      |N.C.   |       |G     |
Got to get this devil off my...
```

Bridge

||**A Tacet** | |
Ken - tucky, Tennessee, you better find whiskey.

A Tacet | |
Not leaving, that's a fact. Small batch, sour mash.

A Tacet | |
Red nose, red face. Gonna wreck the whole place.

A Tacet | |**D7** | |
Looking through the bare glass. Bald head, chapped ass. Gone,

D7 | |**A** | | |
Gone, gone, gone, gone, gone.

|**E** | |
Lord, it's a hard thing to overcome,

D | |**A** | | |
Wake up and find the whiskey's gone.

Chorus 3

||**A** |
Whiskey's gone

|**A** |**A7**
But I ain't leavin'.

|**G** |**G♯** |**A** |
There's got to be a bottle of Jim Black.

|**A** |
Whiskey's gone

|**A** |**A7** |
But I ain't leavin'.

G |**G♯** |**A** | ||
Got to get this devil off my…

Quiet Your Mind

Words and Music by
Zac Brown, Wyatt Durrette, John Driskell Hopkins, Clay Cook, Jimmy De Martini and Chris Fryar

(Tune down one half step; low to high: E♭-A♭-D♭-G♭-B♭-E♭)

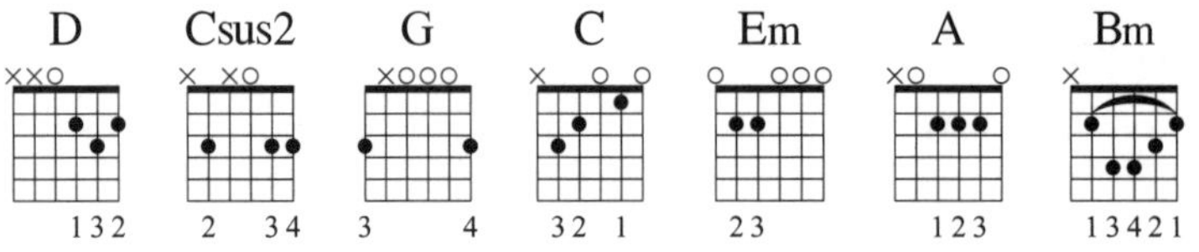

Intro

D | | | | | |Csus2 |G

Verse 1

||D
I hear the waves,
|C G |
Sun beatin' down on my shoulders.
|D
It's a near-perfect day,
|C G |D
Wishin' I wouldn't get any older. They say
|C G |D ||
That it's gone 'fore you know it now.

Chorus 1

D | |
Quiet your mind.
|Em |A
Soak it all in; it's a game you can't win.
|D | | | |
Enjoy the ride.
D | |Csus2 |G

Verse 2

```
                ||D
I feel the change
          |C    G         |
Goin' on  all a-round me.
   |D
It's strange
          |C        G        |D
How I'm taken and guided where I
        |C              G       ||
End up right where I'm needed to be.
```

Chorus 2

```
D                |               |             |
(Quiet your...) (Quiet your...) (Quiet...)
D          |             |
Quiet your mind.
          |Em                      |A
Soak it all in; it's a game you can't win.
         |D        |
Enjoy the ride.
```

Bridge

```
      ||Bm                      |A
At the end of the water a red  sun is risin'
        |G                        |D
And the stars are all goin' away.
              |Bm                      |A              |
And if you're too busy talkin', you're not  busy listening.
G                                   |A          |
Hear what the land has to say.
```

Chorus 3

A ‖D | | | | | |Csus2 |G
Quiet your mind.

Outro

‖D
I hear the waves,
|C G |
Sun beatin' down on my shoulders.
|D
It's a near-perfect day,
|C G |D
Wishin' I wouldn't get any older. They say
|C G |D
That it's gone 'fore you know it now.
|Em |A
Soak it all in; it's a game you can't win.
|D ‖
Enjoy the ride.

Colder Weather

Words and Music by
Zac Brown, Wyatt Durrette, Levi Lowery and Coy Bowles

(Tune down one half step; low to high: E♭-A♭-D♭-G♭-B♭-E♭)

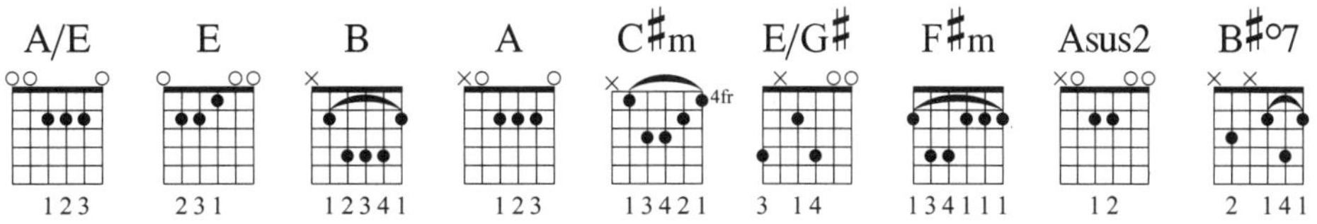

Intro

A/E E | A/E E | A/E E | B A

Verse 1

|| A B | E
She'd trade Colorado if he'd take her with him.
| A B | E
Closes the door before the winter lets the cold in,
| A B | C♯m B A E/G♯
And wonders if her love is strong enough to make him stay.
| F♯m A | B A | E
She's answered by the tail - lights shining through the win - dowpane.

Chorus 1

|| A E
He said, "I wanna see you again
| A E
But I'm stuck in colder weather.
| A E
Maybe tomor - row will be better.
| B
Can I call you then?"
| A E
She said, "You're a ramblin' man
| A E
And you ain't never gonna change.
| A E | B
You got a gypsy soul to blame and you were born for leavin'."

Verse 2

||A B |E
At a truck stop diner just outside of Lin - coln,
|A B |E
The night is black as the coffee he was drink - in',
|A B |C♯m B A E/G♯
And in the waitress' eyes he sees the same ol' light is shin - ing.
|F♯m E/G♯ A |B A |E
He thinks of Col - ora - do and the girl he left behind him.

Repeat Chorus 1

|Asus2
"Born for leavin'."

Bridge

||F♯m E/G♯ | B♯°7 C♯m
Well, it's a winding road when you're in the lost and found.
B |A E/G♯ |B
You're a lover, I'm a runner, and we go 'round and 'round.
|A E |A E
And I love you but I leave you. I don't want you but I need you.
|A E |B ||
You know it's you that calls me back here, ba - by.

Interlude A E |A E |A E |B

Chorus 2

```
                ||A          E
Oh, I wanna see you again
         |A              E
But I'm stuck in colder weather.
              |A          E
Maybe tomor - row will be  better.
        |B
Can I call you then?
              |A        E
'Cause I'm a ramblin' man.
         |A            E
I ain't never gonna change.
        |A          E                         |B
Got a gypsy soul to blame and I was born for leavin'.
       |Asus2                      |
Born         for leavin'.
```

Outro

```
         ||Asus2                           |
When I close my eyes I see you, no matter where I am.
         |Tacet                                            |B
I can smell your perfume through these whispering pines.
                 |A          E
I'm with your ghost again.
        |A                E                         |A        E
It's a shame about the weather, but I know soon  we'll be together,
                   |B
And I can't wait  till then.
             |A               |A/E    E          |
I can't wait  till then.
A/E   E       |A/E   E       |B     A       |E        ||
```

Settle Me Down

Words and Music by
Zac Brown, Wyatt Durrette, Coy Bowles, John Driskell Hopkins, Clay Cook, Chris Fryar and Jimmy De Martini

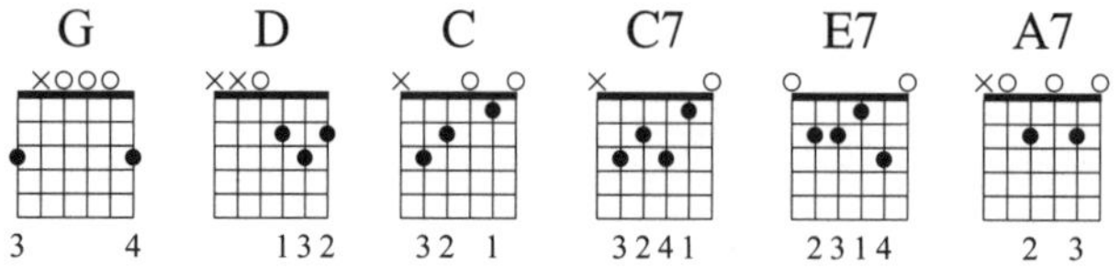

Intro

G | | |D | | | |G |
Whoo!
G | | |D | | | |G

Verse 1

||G | |
A man's blood runs hot,
G |D
High as the temple will go.
|D |
Though we can deny our na - ture, babe,
|D |G
It makes us less in con - trol.
|G |
There's a beautiful lady who breaks in the sand
|G |D
With secrets that she only knows.
|D |
Oh, she gives and she takes with each wave that she makes.
|D |G ||
And it's to her that I must go. 'Cause she

Chorus

G | |
Settle me down, settle me down.
G |C
Oh, won't you settle me down?
|D | |
The coolest fever in my blood.
D |G ||
Oh, won't you settle me down?

Interlude 1

G | | |D | | | |G

Verse 2

||G | |
Oh, it's not my style to be afraid
G |D
What evil men gon' do.
|D |
And I won't live in fear. I know why I'm here.
|D |G
Yeah, I'm sheltered and watched after, too.
|G |
'Cause these people put on the fine business suits
|G |D
And they step on your face till they're going.
|D |
Oh, the money's a curse, and when it's time for the hearse,
|D |G ||
Only bankers and lawyers are showing. Come and

Repeat Chorus

Interlude 2	**G**		**C7**		**G**		**E7** Bye, bye,	bye, bye.
	G		**A7**		**N.C.**			

Repeat Chorus (3x)

As She's Walking Away

Words and Music by
Zac Brown and Wyatt Durrette

(Capo 1st fret)

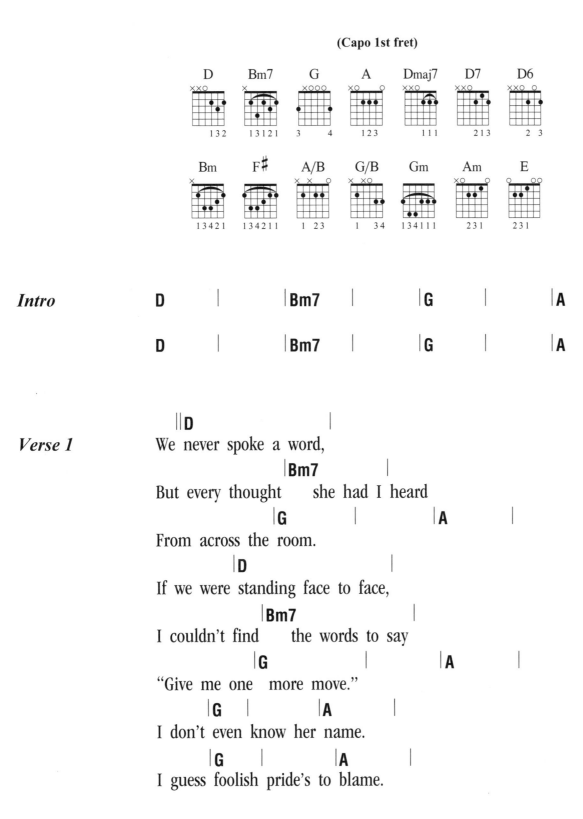

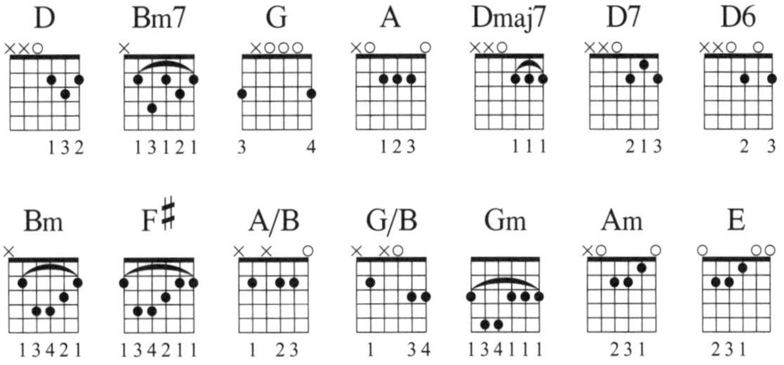

Intro

| **D** | | **Bm7** | | **G** | | **A** | | |
| **D** | | **Bm7** | | **G** | | **A** | |

Verse 1

||**D** |
We never spoke a word,
|**Bm7** |
But every thought she had I heard
|**G** | |**A** |
From across the room.
|**D** |
If we were standing face to face,
|**Bm7** |
I couldn't find the words to say
|**G** | |**A** |
"Give me one more move."
|**G** | |**A** |
I don't even know her name.
|**G** | |**A** |
I guess foolish pride's to blame.

Chorus 1

```
        ||D        |Dmaj7     |D7          |D6
Now I'm falling in love as she's walking away,
          |Bm                |F♯             |G                   |A
And my heart won't tell my mind to tell my mouth what it should say.
 |D                |Dmaj7             |D7          |D6
I may have lost this battle, live to fight   another day.
             |Bm  A/B G/B|G        |
An now I'm fall - ing in  love
          |G         |        |Gm     ||
As she's walking a - way.
```

Repeat Intro

Verse 2

```
          ||D             |
Wise man next to me did say,
             |Bm7            |
'bout the one    that got away,
        |G              |          |A       |
"Son, I missed my chance.
          |D              |
Don't you let regret take place
              |Bm7             |
Of the dreams    you have to chase.
  |G            |          |A       |
Ask her to dance.    Go on,  son.
            |G      |       |A          |
You might fall down on your face.
             |G   |              |A         |
Roll the dice   and have some faith.
```

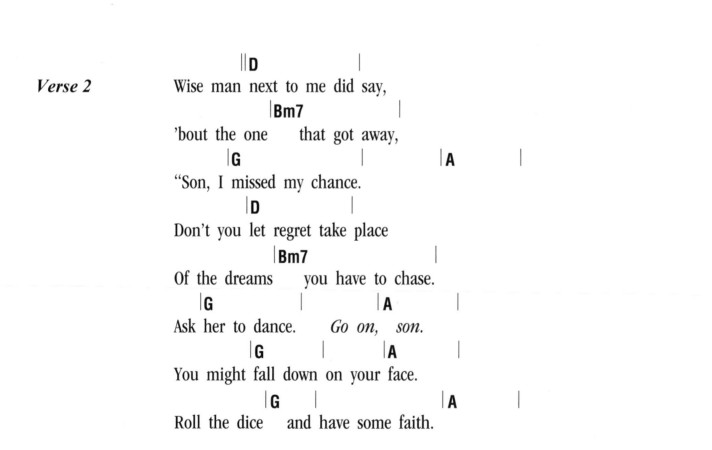

Chorus 2

```
                  ||D        |Dmaj7      |D7          |D6
"And don't be falling in love as she's walking away,
               |Bm                 |F♯              |G                  |A
When your heart won't tell your mind to tell your mouth what it should say.
    |D                  |Dmaj7           |D7          |D6
You may have lost this battle, live to fight   another day.
             |Bm  A/B G/B |G          |
Don't be fall - ing in   love
            |G          |        |Gm      ||
As she's walking a - way.
```

Interlude

```
D       |       |Bm7     |       |Bm     |F♯     |G      |A      |
D       |       |Dmaj7   |       |Bm     |F♯     |Am     |D7
```

Bridge

```
               ||G         |            |A        |
"You might fall down on your face.
            |G        |              |A        |
Roll the dice and have some faith.
```

Chorus 3

```
                  ||D        |Dmaj7      |D7          |D6
"And don't be falling in love as she's walking away,
               |Bm                 |F♯              |G                  |A
When your heart won't tell your mind to tell your mouth what it should say.
    |D                  |Dmaj7           |D7          |D6
You may have lost this battle, live to fight   another day.
             |Bm  A/B |Bm  A/B G/B |Bm  A/B G/B |G      |
Don't be fall - ing, fall - ing in,  fall - ing in  love
            |G          |     |Gm    |Bm7   |E    |G     |Gm    |D    ||
As she's walking a - way."
```

Keep Me in Mind

Words and Music by
Zac Brown, Wyatt Durrette and Nic Cowan

(Tune down one half step; low to high: E♭-A♭-D♭-G♭-B♭-E♭)

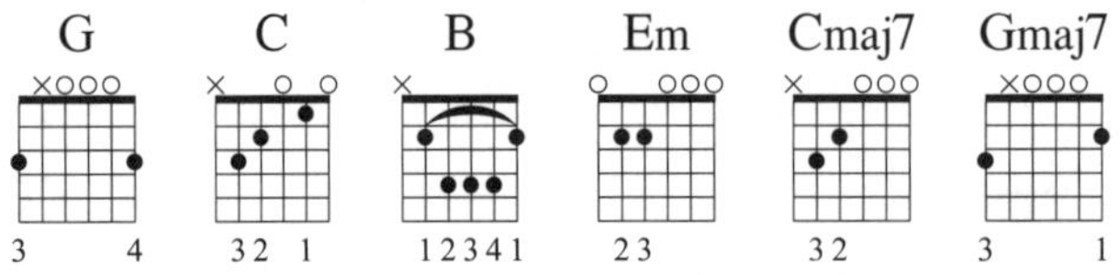

Intro

G | | | ||

Verse 1

G |
How come all the pretty girls like you are taken, baby? |
G |
I've been looking for someone like you to save me. |
G |
Life's too easy to be so damn complicated. |
G |
Take your time and I'll be wait - ing.

Chorus

||C |
Keep me in mind.
C |G |
Somewhere down the road, you might get lone - ly.
|C |
Keep me in mind.
|C |G |
And I pray someday that you will love me on - ly.

Pre-Chorus

```
||C
I think about you some days
                 |C                                      |G                |
And the way   I would lay, wasting day after day with you.
   |C
We always go our separate ways
       |C                                         |G              |
But no   one can love you, baby, the way I do.
```

Repeat Chorus

Post-Chorus 1

```
            ||B                                  |Em
Well, the world can be real tough; find shelter in me.
                 |N.C.                                  |G              |
If there's no       one else to love, keep me in mind.
```

Bridge

```
                ||Cmaj7          |                  |Gmaj7           |
If ever you wanted me,     I'll be your man.
             |Cmaj7              |                          |Gmaj7          |
I'd be a fool to let you go with someone else.
                   |Cmaj7            |                      |Gmaj7            |
Whatever you want from me,    I'll be your man.
                |Cmaj7            |                         |Gmaj7          |G
I'd give it all up just to have you for my - self.
```

Repeat Chorus

Post-Chorus 2

```
             ||B                                   |Em
Well, the world can be real tough. Won't you hold on to me?
                |N.C.                               |G          |
When there's no     one else to love, keep me in mind.
```

Outro

```
                     ||G
(Keep me in mind.)
                       |G
And I'll hold you, dar - ling.
                       |G
(Keep me in mind.)
             |G
I'll be your   man.
                     |G
(Keep me in mind.)
                       |G
And I'll hold you, dar - ling.
                     |G
(Keep me in mind.)
                     |G       |       |       |       |       |
C'mon, little mama.
           |G      |      ||
Put it on   me.
```

Who Knows

Words and Music by
Zac Brown, Coy Bowles, Clay Cook, Jimmy De Martini, Chris Fryar, John Driskell Hopkins and Joel Williams

(Tune down one half step; low to high: E♭-A♭-D♭-G♭-B♭-E♭)

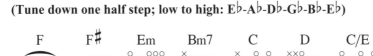

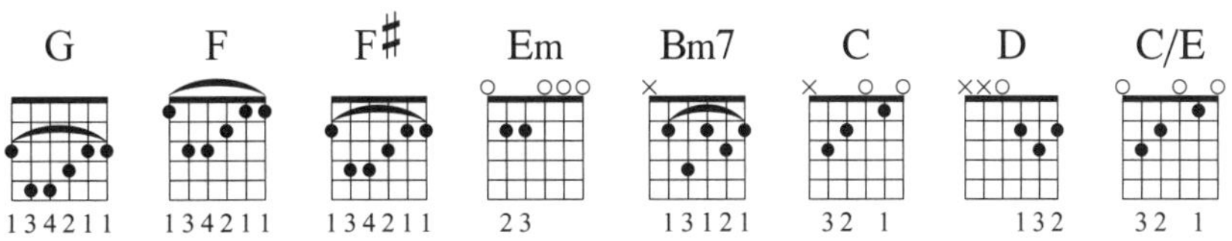

Intro

G | F | G | F
Woh, woh, woh, woh,
| G | F | G | F F♯ ||
Who knows.

Verse 1

G | F | G | F |
When I was a ba - by child, my daddy said to me,
G | F | G | F
"Many mountains we must climb before we'll be free."
| G | F | G | F
But he never told me about the bruises on my knees,
| G | F | G | F
How they would be the map that leads him where we need to be.

Pre-Chorus 1

|| Em | | Bm7 |
And oh, that storm came down
| C |
Forty days,
| D |
Forty nights.

Chorus

||G | F | G
Who knows what the thunder and lightning will bring.

| F | G
Maybe the storm will cover my dreams.

| F | G | F
Maybe the sun will shine no more.

| G | F | G
Who knows which way the wind is blow - ing,

| F | G
And that if we look back on these things,

| F | G | F F♯ ||
Then we won't cry no more.

Repeat Intro

Verse 2

G | F | G | F
Wandering blind - ly, searching for the truth,

| G | F | G | F
And anchored to a sol - id rock that we could hold on to.

| G | F | G | F |
But there's no tomor - row, not for every - one.

G | F | G | F ||
Who will hear your last harsh words when your time on earth is done?

Pre-Chorus 2

Em | | Bm7 |
That sun goes down

| C |
Forty days,

| D |
Forty nights.

Repeat Chorus

Outro

```
G                |F          |
Hold your lamp   down;
G                   |F          |G        |F         |G   F  |C/E  F  |
Don't let the wind  blow it out.
G                |F
Hold that light  child,
    |G      |F              |G        |F         |G   F  |C/E  F  |
And one day it's gonna shine.
Tacet  |       |        |       |G       |F        |G        |F       |
Sing un - til the darkness, it is lift - ed.
Tacet  |       |        |       |G       |F        |G        |F       |G      ||
Sing un - til the darkness, it is lift - ed.
```

Make This Day

Words and Music by
Zac Brown, Wyatt Durrette, Nic Cowan, Coy Bowles, Clay Cook, Jimmy De Martini, Chris Fryar and John Driskell Hopkins

(Tune down one half step; low to high: E♭-A♭-D♭-G♭-B♭-E♭)

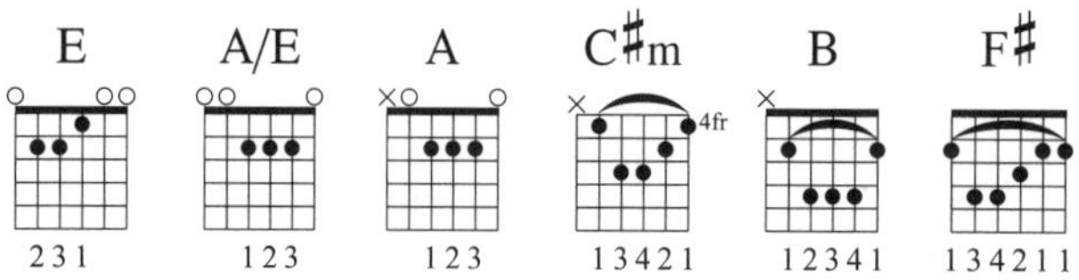

Intro

E | | | | | | |

Verse 1

||E | A/E |E |
I passed out last night and I never made it home.
|A | |E |
I wound up on a bus to San Antone.
|A |
Now my head hurts bad
|E |C♯m
And I ain't wearing shoes.
|A |B |E N.C. |
Gonna find my wallet and my way back home to you.

Chorus 1

||A |
We're gonna make this day (make this day),
|E |
A little better than the last (better than the last).
|B | |E |
It's amaz - ing how slow a day like this can go.
|A |
Find a way to wash away (way to wash away),
|E F♯ |
An - y regrets you have.
|A |B |E | |
Don't let this moment pass, but live inside this day.
E | | | | |

```
            ||E                   |  A/E          |E          |
Verse 2     I got cuffs on my hands,   chains on my feet.
             |A                  |               |E          |
            I got locked up for the second time this week.
                 |A               |
            And I know I make you cry,
               |E          |C#m
            But girl my love is true.
                    |A                      |B                      |E  N.C.        |
            I'm gonna find my wallet and my way back home to you.

                          ||A                |
Chorus 2    We're gonna make this day   (make this day),
                   |E                  |
            A little better than the last   (better than the last).
                     |B                 |                  |E          |
            It's amaz - ing how slow a day  like this can pass.
                   |A                   |
            Find a way to wash away    (way to wash away),
               |E          F#   |
            An - y regrets you have.
                          |A                  |B             |E          |
            Don't let this moment pass, but live inside this day.

                    ||E                   |  A/E          |E          |          |
Verse 3     Now I'm back on the street,    thumb in the air.
            A                           |                 |E          |
            Don't know how the hell   that I got here.
                      |A                  |
            But I'm gonna hitch that ride
                       |E            |C#m
            If it's the last thing I do.
                      |A                  |B                    |E  N.C.       |
            I'm gonna find that wallet and bring it home to you.
```

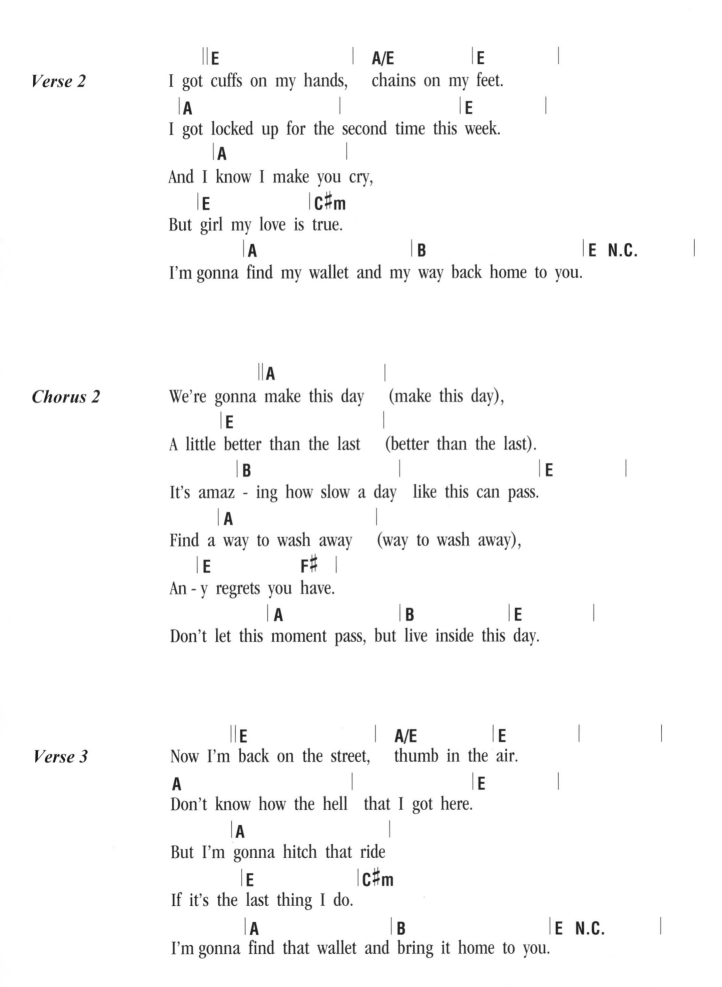

Repeat Chorus 2

```
                ||A                      |
Chorus 3   We're gonna make this day   (make this day),
                |E                       |
           A little better than the last   (better than the last).
                    |B                |                     |N.C.          |
           Oh, now, don't  you let this life  come whip your...
                |A                       |
           Find a way to wash away   (way to wash away),
              |E             F♯  |
           An - y regrets you have.
                     |A                 |B            |E            |           ||
           Don't let this moment pass, but live inside this day.
```

Martin

Words and Music by
Zac Brown

(Capo 3rd fret)

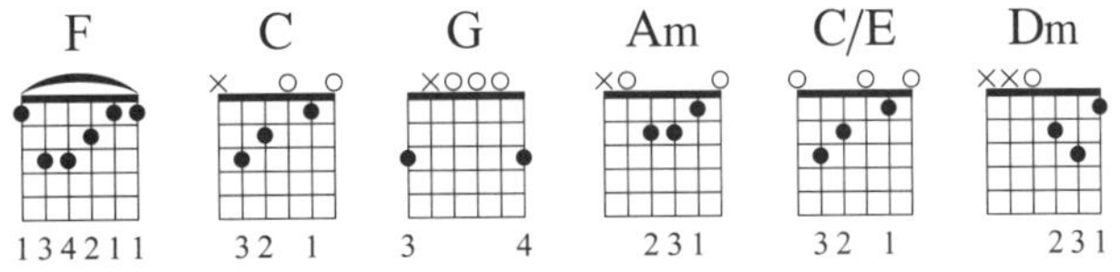


```
Intro       F     C        | G     Am       | F     C        | F C/E Dm C

                 || F            C      | G               Am
Verse 1     He was born in the woods,   torn from his home.
                 | F          C              | F          G
            He was naked and  destined to be out on his own.
                 | F          C             | G                Am
            And he waited in darkness, hoping someone might see
               | F               C          | F     C/E  Dm  C        ||
            From something so rough, what a treas - ure he'd be.

            F              G          C    |                      |
Chorus 1    Stronger than steel and wood,
            F                       G        C    |
            Seen me through the bad and good.
                      | Am           G          |
            When I'm hanging by a string,
            C           Am              | F                |
            Every little thing is understood
            G                          ||
              Between Martin and me.

Interlude 1 F     C        | G     Am       | F     C        | F C/E Dm C
```

Verse 2

||F C |G Am
He's hollow in the middle from the shape that he's in.
|F C |G C
He's either filled up with music or locked in his shell a - gain.
|F C |G Am
And it takes some fine tuning to make him come a - round.
|F C |F C/E Dm C ||
But he's a huge piece of me and I'll nev - er put him down.

Repeat Chorus 1

Interlude 2

Am |F |C |G |Am |

F |C Dm C/E Am |F C/E Dm C |

Verse 3

||F C |G Am
He is a good friend, and he has his own voice.
|F C |G Am
And you get what you give; some - times it's just noise.
|F C |G Am
But if you treat him well, he will last your life long.
|F C |F C/E Dm C
If you're honest and open, he will write you a song,
|C ||
(Write you a song), write you a song.

Chorus 2

```
F                G          C     |                |
Stronger than steel and wood,
F                        G          C     |
Seen me through the bad and good.
            |Am              G           |
When I'm hanging by a string,
C            Am                  |F          |
Every little thing is understood.
G                              |Am       G            |
  Hanging on (hanging on),      by a string,
C            Am             |F           |
Every little thing is under - stood
G                          |F      C        |G      Am        |
  Between Martin and me.
F       C          |F C/E Dm C          ||
```

PLAY IT LIKE IT IS GUITAR WITH TABLATURE
NOTE-FOR-NOTE TRANSCRIPTIONS

THE HOTTEST TAB SONGBOOKS AVAILABLE FOR GUITAR & BASS!

PLAY IT LIKE IT IS BASS WITH TABLATURE
NOTE-FOR-NOTE TRANSCRIPTIONS

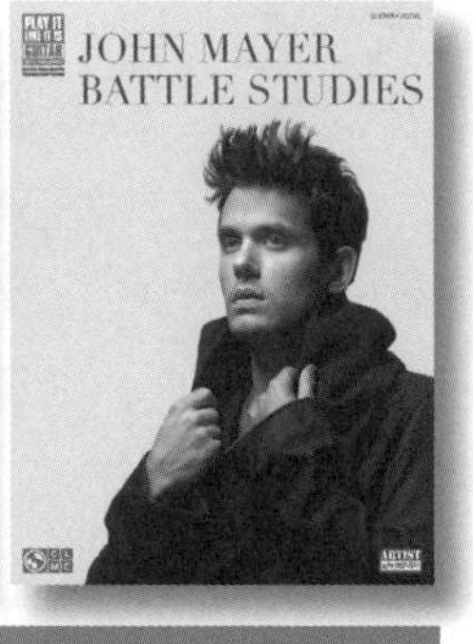

from cherry lane music company

Guitar Transcriptions

02501410 The Black Keys – Attack & Release $19.99
02501500 The Black Keys – A Collection $19.99
02500702 Best of Black Label Society $22.95
02500842 Black Label Society – Mafia $19.95
02500116 Black Sabbath – Riff by Riff........................... $14.95
02500882 Blues Masters by the Bar $19.95
02500921 Best of Joe Bonamassa $22.95
02501510 Joe Bonamassa Collection $24.99
02501272 Bush – 16 Stone $21.95
02500179 Mary Chapin Carpenter Authentic Guitar Style of $16.95
02500336 Eric Clapton – Just the Riffs $12.99
02501565 Coheed and Cambria – Year of the Black Rainbow $19.99
02501439 David Cook $22.99
02500684 Dashboard Confessional – A Mark • A Mission • A Brand • A Scar $19.95
02500689 Dashboard Confessional – The Places You Have Come to Fear the Most .. $17.95
02500843 Dashboard Confessional – The Swiss Army Romance $17.95
02501481 Brett Dennen – So Much More $19.99
02506878 John Denver Anthology for Easy Guitar Revised Edition $15.95
02506901 John Denver Authentic Guitar Style $14.95
02500984 John Denver – Folk Singer $19.95
02506928 John Denver – Greatest Hits for Fingerstyle Guitar $14.95
02500632 John Denver Collection Strum & Sing Series .. $9.95
02501448 Best of Ronnie James Dio $22.99
02500607 The Best of Dispatch $19.95
02500198 Best of Foreigner... $19.95
02500990 Donavon Frankenreiter $19.95
02501242 Guns N' Roses – Anthology $24.95
02506953 Guns N' Roses – Appetite for Destruction.... $22.95
02501286 Guns N' Roses Complete, Volume 1 .... $24.95
02501287 Guns N' Roses Complete, Volume 2 .... $24.95
02506211 Guns N' Roses – 5 of the Best, Vol. 1 .... $12.95
02506975 Guns N' Roses – GN'R Lies............................ $19.95
02500299 Guns N' Roses – Live Era '87-'93 Highlights ... $24.95
02501193 Guns N' Roses – Use Your Illusion I............. $24.99
02501194 Guns N' Roses – Use Your Illusion II............ $24.95
02506325 Metallica – The Art of Kirk Hammett $17.95
02500939 Hawthorne Heights – The Silence in Black and White $19.95
02500458 Best of Warren Haynes................................. $22.95
02500476 Warren Haynes – Guide to Slide Guitar $17.95
02500387 Best of Heart $19.95
02500016 The Art of James Hetfield $17.95
02500873 Jazz for the Blues Guitarist $14.95
02500554 Jack Johnson – Brushfire Fairytales $19.95
02500831 Jack Johnson – In Between Dreams $19.95
02500653 Jack Johnson – On and On $19.95
02501139 Jack Johnson – Sleep Through the Static ... $19.95
02500858 Jack Johnson – Strum & Sing $14.99
02501564 Jack Johnson – To the Sea $19.99
02500380 Lenny Kravitz – Greatest Hits $19.95
02500024 Best of Lenny Kravitz $19.95
02500129 Adrian Legg – Pickin' 'n' Squintin' $19.95
02500362 Best of Little Feat... $19.95
02501094 Hooks That Kill – The Best of Mick Mars & Mötley Crüe $19.95
02500305 Best of The Marshall Tucker Band............... $19.95
02501077 Dave Matthews Band – Anthology $24.99
02501357 Dave Matthews Band – Before These Crowded Streets.................... $19.95
02501279 Dave Matthews Band – Crash $19.95
02501266 Dave Matthews Band – Under the Table and Dreaming...................... $19.95
02500131 Dave Matthews/Tim Reynolds – Live at Luther College, Vol. 1 .... $19.95
02500611 Dave Matthews/Tim Reynolds – Live at Luther College, Vol. 2 .... $22.95
02501502 John Mayer – Battle Studies $22.99
02500986 John Mayer – Continuum $22.99
02500705 John Mayer – Heavier Things $22.95
02500705 John Mayer – Heavier Things $22.95
02500529 John Mayer – Room for Squares $22.95
02506965 Metallica – ...And Justice for All $22.99
02501267 Metallica – Death Magnetic $24.95
02506210 Metallica – 5 of the Best/Vol.1...................... $12.95
02506235 Metallica – 5 of the Best/Vol. 2..................... $12.95
02500070 Metallica – Garage, Inc. $24.95
02507018 Metallica – Kill 'Em All................................. $19.99
02501232 Metallica – Live: Binge & Purge $19.95
02501275 Metallica – Load.. $24.95
02507920 Metallica – Master of Puppets...................... $19.95
02501195 Metallica – Metallica..................................... $22.95
02501297 Metallica – ReLoad $24.95
02507019 Metallica – Ride the Lightning...................... $19.95
02500279 Metallica – S&M Highlights........................... $24.95
02500638 Metallica – St. Anger $24.95
02500577 Molly Hatchet – 5 of the Best $9.95
02501529 Monte Montgomery Collection $24.99
02500846 Best of Steve Morse Band and Dixie Dregs $19.95
02500765 Jason Mraz – Waiting for My Rocket to Come ... $19.95
02501324 Jason Mraz – We Sing, We Dance, We Steal Things. $22.99
02500448 Best of Ted Nugent.. $19.95
02500707 Ted Nugent – Legendary Licks $19.95
02500844 Best of O.A.R. (Of a Revolution) $22.95
02500348 Ozzy Osbourne – Blizzard of Ozz.................. $19.95
02501277 Ozzy Osbourne – Diary of a Madman........... $19.95
02507904 Ozzy Osbourne/Randy Rhoads Tribute $22.95
02500524 The Bands of Ozzfest $16.95
02500680 Don't Stop Believin': The Steve Perry Anthology $22.95
02500025 Primus Anthology – A-N (Guitar/Bass) $19.95
02500091 Primus Anthology – O-Z (Guitar/Bass) $19.95
02500468 Primus – Sailing the Seas of Cheese $19.95
02500875 Queens of the Stone Age – Lullabies to Paralyze $24.95
02500608 Queens of the Stone Age – Songs for the Deaf . $19.95
02500659 The Best of Bonnie Raitt $24.95
02501268 Joe Satriani $22.95
02501299 Joe Satriani – Crystal Planet.......................... $24.95
02500306 Joe Satriani – Engines of Creation............... $22.95
02501205 Joe Satriani – The Extremist......................... $22.95
02507029 Joe Satriani – Flying in a Blue Dream $22.95
02501155 Joe Satriani – Professor Satchafunkilus and the Musterion of Rock $24.95
02500544 Joe Satriani – Strange Beautiful Music........ $22.95
02500920 Joe Satriani – Super Colossal $22.95
02506959 Joe Satriani – Surfing with the Alien........... $19.95
02500560 Joe Satriani Anthology $24.95
02501255 Best of Joe Satriani $19.95
02501238 Sepultura – Chaos A.D.................................. $19.95
02500188 Best of the Brian Setzer Orchestra $19.95
02500985 Sex Pistols – Never Mind the Bollocks, Here's the Sex Pistols $19.95
02501230 Soundgarden – Superunknown $19.95
02500956 The Strokes – Is This It $19.95
02501586 The Sword – Age of Winters $19.9
02500799 Tenacious D $19.9
02501035 Tenacious D – The Pick of Destiny................ $19.9
02501263 Tesla – Time's Making Changes.................... $19.9
02501147 30 Easy Spanish Guitar Solos........................ $14.9
02500561 Learn Funk Guitar with Tower of Power's Jeff Tamelier $19.9
02501440 Derek Trucks – Already Free $24.9
02501007 Keith Urban – Love, Pain & The Whole Crazy Thing $24.9
02500636 The White Stripes – Elephant $19.9
02501095 The White Stripes – Icky Thump $19.9
02500583 The White Stripes – White Blood Cells $19.9
02501092 Wilco – Sky Blue Sky $22.9
02500431 Best of Johnny Winter................................... $19.9
02500949 Wolfmother $22.9
02500199 Best of Zakk Wylde.. $22.9
02500700 Zakk Wylde – Legendary Licks $19.9

Bass Transcriptions

02501108 Bass Virtuosos $19.9
02500117 Black Sabbath – Riff by Riff Bass $17.9
02506966 Guns N' Roses – Appetite for Destruction.... $19.9
02501522 John Mayer Anthology for Bass, Vol. 1 .... $24.9
02500639 Metallica – St. Anger $19.9
02500771 Best of Rancid for Bass $17.9
02501120 Best of Tower of Power for Bass $19.9
02500317 Victor Wooten Songbook.............................. $22.9

Transcribed Scores

02500424 The Best of Metallica $24.9
02500883 Mr. Big – Lean into It $24.9

See your local music dealer or contact:

cherry lane music company

EXCLUSIVELY DISTRIBUTED BY HAL•LEONARD® CORPORATION
7777 W. BLUEMOUND RD. P.O. BOX 13819 MILWAUKEE, WI 53213

Prices, contents, and availability subject to change without notice.

More Great Piano/Vocal Books

FROM CHERRY LANE

For a complete listing of Cherry Lane titles available, including contents listings, please visit our web site at

www.cherrylane.com

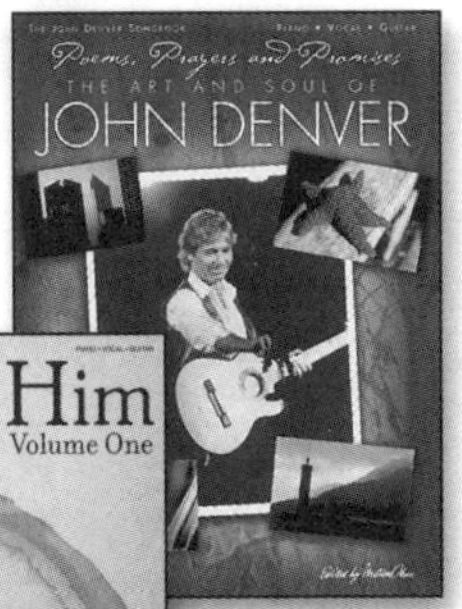

02501590 Sara Bareilles – Kaleidoscope Heart $17.99
02501136 Sara Bareilles – Little Voice $16.95
02501505 The Black Eyed Peas – The E.N.D. $17.99
02502171 The Best of Boston. $17.95
02501123 Buffy the Vampire Slayer – Once More with Feeling $18.95
02500665 Sammy Cahn Songbook $24.95
02501454 Colbie Caillat – Breakthrough $17.99
02501127 Colbie Caillat – Coco $16.95
02500144 Mary Chapin Carpenter – Party Doll & Other Favorites $16.95
02502165 John Denver Anthology – Revised $22.95
02500002 John Denver Christmas $14.95
02502166 John Denver's Greatest Hits $17.95
02502151 John Denver – A Legacy in Song (Softcover) $24.95
02502152 John Denver – A Legacy in Song (Hardcover) $34.95
02500566 Poems, Prayers and Promises: The Art and Soul of John Denver $19.95
02500326 John Denver – The Wildlife Concert $17.95
02500501 John Denver and the Muppets: A Christmas Together. $9.95
02501186 The Dresden Dolls – The Virginia Companion $39.95
02509922 The Songs of Bob Dylan. $29.95
02500586 Linda Eder – Broadway My Way . . $14.95
02500497 Linda Eder – Gold $14.95
02500396 Linda Eder – Christmas Stays the Same. $17.95
02500175 Linda Eder – It's No Secret Anymore $14.95
02502209 Linda Eder – It's Time. $17.95
02500630 Donald Fagen – 5 of the Best. $7.95
02501542 Foreigner – The Collection $19.99
02500535 Erroll Garner Anthology. $19.95
02500318 Gladiator $12.95
02502126 Best of Guns N' Roses $17.95
02502072 Guns N' Roses – Selections from Use Your Illusion I and II $17.95
02500014 Sir Roland Hanna Collection $19.95
02500856 Jack Johnson – Anthology $19.95
02501140 Jack Johnson – Sleep Through the Static $16.95
02501564 Jack Johnson – To the Sea $19.99
02500381 Lenny Kravitz – Greatest Hits $14.95
02501318 John Legend – Evolver $19.99
02503701 Man of La Mancha. $11.95
02501047 Dave Matthews Band – Anthology $24.95
02500693 Dave Matthews – Some Devil. $16.95
02502192 Dave Matthews Band – Under the Table and Dreaming. . . $17.95
02501514 John Mayer Anthology – Volume 1 . . . . $22.99
02501504 John Mayer – Battle Studies $19.99
02500987 John Mayer – Continuum $16.95
02500681 John Mayer – Heavier Things. $16.95
02500563 John Mayer – Room for Squares . . $16.95
02500081 Natalie Merchant – Ophelia $14.95
02500863 Jason Mraz – Mr. A-Z $17.95
02501467 Jason Mraz – We Sing. We Dance. We Steal Things. $19.99
02502895 Nine. $17.95
02501411 Nine – Film Selections $19.99
02500425 Time and Love: The Art and Soul of Laura Nyro. $21.95
02502204 The Best of Metallica $17.95
02501497 Ingrid Michaelson – Everybody . . $17.99
02501496 Ingrid Michaelson – Girls and Boys $19.99
02501529 Monte Montgomery Collection . . . $24.99
02501336 Amanda Palmer – Who Killed Amanda Palmer? $17.99
02501004 Best of Gram Parsons $16.95
02501137 Tom Paxton – Comedians & Angels $16.95
02500010 Tom Paxton – The Honor of Your Company. $17.95
02507962 Peter, Paul & Mary – Holiday Concert. $17.95
02500145 Pokemon 2.B.A. Master $12.95
02500026 The Prince of Egypt $16.95
02500660 Best of Bonnie Raitt $17.95
02502189 The Bonnie Raitt Collection $22.95
02502088 Bonnie Raitt – Luck of the Draw . . $14.95
02507958 Bonnie Raitt – Nick of Time $14.95
02502218 Kenny Rogers – The Gift $16.95
02501577 She & Him – Volume One $16.99
02501578 She & Him – Volume Two $17.99
02500414 Shrek. $16.99
02500536 Spirit – Stallion of the Cimarron . . $16.95
02500166 Steely Dan – Anthology $17.95
02500622 Steely Dan – Everything Must Go . . . $14.95
02500284 Steely Dan – Two Against Nature . . . $14.95
02500344 Billy Strayhorn: An American Master $17.95
02500515 Barbra Streisand – Christmas Memories $16.95
02507969 Barbra Streisand – A Collection: Greatest Hits and More $17.95
02502164 Barbra Streisand – The Concert. . . $22.95
02500550 Essential Barbra Streisand $24.95
02502228 Barbra Streisand – Higher Ground $16.95
02501065 Barbra Streisand – Live in Concert 2006 . . . . $19.95
02501485 Barbra Streisand – Love Is the Answer $19.99
02503617 John Tesh – Avalon $15.95
02502178 The John Tesh Collection. $17.95
02503623 John Tesh – A Family Christmas . . $15.95
02503630 John Tesh – Grand Passion $16.95
02500307 John Tesh – Pure Movies 2 . . . . . . $16.95
02501068 The Evolution of Robin Thicke $19.95
02500565 Thoroughly Modern Millie. $17.99
02501399 Best of Toto $19.99
02502175 Tower of Power – Silver Anniversary $17.95
02501403 Keith Urban – Defying Gravity $17.99
02501008 Keith Urban – Love, Pain & The Whole Crazy Thing $17.95
02501141 Keith Urban – Greatest Hits $16.99
02502198 The "Weird Al" Yankovic Anthology. $17.95
02500334 Maury Yeston – December Songs $17.95
02502225 The Maury Yeston Songbook $19.95

See your local music dealer or contact:

cherry lane music company

EXCLUSIVELY DISTRIBUTED BY

HAL•LEONARD® CORPORATION

7777 W. BLUEMOUND RD. P.O. BOX 13819 MILWAUKEE, WI 53213

Prices, contents and availability subject to change without notice.

1210

great songs series

This legendary series has delighted players and performers for generations.

Great Songs of the Fifties

Features rock, pop, country, Broadway and movie tunes, including: All Shook Up • At the Hop • Blue Suede Shoes • Dream Lover • Fly Me to the Moon • Kansas City • Love Me Tender • Misty • Peggy Sue • Rock Around the Clock • Sea of Love • Sixteen Tons • Take the "A" Train • Wonderful! Wonderful! • and more. Includes an introduction by award-winning journalist Bruce Pollock.
02500323 P/V/G...$16.95

Great Songs of the Sixties, Vol. 1 – Revised

The updated version of this classic book includes 80 faves from the 1960s: Angel of the Morning • Bridge over Troubled Water • Cabaret • Different Drum • Do You Believe in Magic • Eve of Destruction • Monday, Monday • Spinning Wheel • Walk on By • and more.
02509902 P/V/G...$19.95

Great Songs of the Sixties, Vol. 2 – Revised

61 more '60s hits: California Dreamin' • Crying • For Once in My Life • Honey • Little Green Apples • MacArthur Park • Me and Bobby McGee • Nowhere Man • Piece of My Heart • Sugar, Sugar • You Made Me So Very Happy • and more.
02509904 P/V/G...$19.95

Great Songs of the Seventies, Vol. 1 – Revised

This super collection of 70 big hits from the '70s includes: After the Love Has Gone • Afternoon Delight • Annie's Song • Band on the Run • Cold as Ice • FM • Imagine • It's Too Late • Layla • Let It Be • Maggie May • Piano Man • Shelter from the Storm • Superstar • Sweet Baby James • Time in a Bottle • The Way We Were • and more.
02509917 P/V/G...$19.95

Great Songs of the Eighties – Revised

This edition features 50 songs in rock, pop & country styles, plus hits from Broadway and the movies! Songs: Almost Paradise • Angel of the Morning • Do You Really Want to Hurt Me • Endless Love • Flashdance...What a Feeling • Guilty • Hungry Eyes • (Just Like) Starting Over • Let Love Rule • Missing You • Patience • Through the Years • Time After Time • Total Eclipse of the Heart • and more.
02502125 P/V/G...$18.95

Great Songs of the Nineties

Includes: Achy Breaky Heart • Beautiful in My Eyes • Believe • Black Hole Sun • Black Velvet • Blaze of Glory • Building a Mystery • Crash into Me • Fields of Gold • From a Distance • Glycerine • Here and Now • Hold My Hand • I'll Make Love to You • Ironic • Linger • My Heart Will Go On • Waterfalls • Wonderwall • and more.
02500040 P/V/G...$16.95

Great Songs of Broadway

This fabulous collection of 60 standards includes: Getting to Know You • Hello, Dolly! • The Impossible Dream • Let Me Entertain You • My Favorite Things • My Husband Makes Movies • Oh, What a Beautiful Mornin' • On My Own • People • Tomorrow • Try to Remember • Unusual Way • What I Did for Love • and dozens more, plus an introductory article.
02500615 P/V/G...$19.95

Great Songs for Children

90 wonderful, singable favorites kids love: Baa Baa Black Sheep • Bingo • The Candy Man • Do-Re-Mi • Eensy Weensy Spider • The Hokey Pokey • Linus and Lucy • Sing • This Old Man • Yellow Submarine • and more, with a touching foreword by Grammy-winning singer/songwriter Tom Chapin.
02501348 P/V/G...$19.99

Great Songs of Classic Rock

Nearly 50 of the greatest songs of the rock era, including: Against the Wind • Cold As Ice • Don't Stop Believin' • Feels like the First Time • I Can See for Miles • Maybe I'm Amazed • Minute by Minute • Money • Nights in White Satin • Only the Lonely • Open Arms • Rikki Don't Lose That Number • Rosanna • We Are the Champions • and more.
02500801 P/V/G...$19.95

Great Songs of Country Music

This volume features 58 country gems, including: Abilene • Afternoon Delight • Amazed • Annie's Song • Blue • Crazy • Elvira • Fly Away • For the Good Times • Friends in Low Places • The Gambler • Hey, Good Lookin' • I Hope You Dance • Thank God I'm a Country Boy • This Kiss • Your Cheatin' Heart • and more.
02500503 P/V/G...$19.95

Great Songs of Folk Music

Nearly 50 of the most popular folk songs of our time, including: Blowin' in the Wind • The House of the Rising Sun • Puff the Magic Dragon • This Land Is Your Land • Time in a Bottle • The Times They Are A-Changin' • The Unicorn • Where Have All the Flowers Gone? • and more.
02500997 P/V/G...$19.95

Great Songs from The Great American Songbook

52 American classics, including: Ain't That a Kick in the Head • As Time Goes By • Come Fly with Me •Georgia on My Mind • I Get a Kick Out of You • I've Got You Under My Skin • The Lady Is a Tramp • Love and Marriage • Mack the Knife • Misty • Over the Rainbow • People • Take the "A" Train • Thanks for the Memory • and more.
02500760 P/V/G...$16.95

Great Songs of the Movies

Nearly 60 of the best songs popularized in the movies, including: Accidentally in Love • Alfie • Almost Paradise • The Rainbow Connection • Somewhere in My Memory • Take My Breath Away (Love Theme) • Three Coins in the Fountain • (I've Had) the Time of My Life • Up Where We Belong • The Way We Were • and more.
02500967 P/V/G...$19.95

Great Songs of the Pop Era

Over 50 hits from the pop era, including: Every Breath You Take • I'm Every Woman • Just the Two of Us • Leaving on a Jet Plane • My Cherie Amour • Raindrops Keep Fallin' on My Head • Time After Time • (I've Had) the Time of My Life • What a Wonderful World • and more.
02500043 Easy Piano...$16.95

Great Songs of 2000-2009

Over 50 of the decade's biggest hits, including: Accidentally in Love • Breathe (2 AM) • Daughters • Hanging by a Moment • The Middle • The Remedy (I Won't Worry) • Smooth • A Thousand Miles • and more.
02500922 P/V/G...$24.99

Great Songs for Weddings

A beautiful collection of 59 pop standards perfect for wedding ceremonies and receptions, including: Always and Forever • Amazed • Beautiful in My Eyes • Can You Feel the Love Tonight • Endless Love • Love of a Lifetime • Open Arms • Unforgettable • When I Fall in Love • The Wind Beneath My Wings • and more.
02501006 P/V/G...$19.95

Prices, contents, and availability subject to change without notice.